对亚里士多德的现象学诠释

(阐释学处境的显示)

［德］海德格尔 著
［德］京特·诺伊曼 编
孙周兴 译

Martin Heidegger
Phänomenologische Interpretationen zu Aristoteles
(Anzeige der hermeneutischen Situation)
aus: Gesamtausgabe Band 62, Phänomenologische Interpretationen
ausgewählter Abhandlungen des Aristoteles zu Ontologie und Logik
Herausgegeben von Günther Neumann
© Vittorio Klostermann GmbH, Frankfurt am Main, 2005

本书根据德国维多里奥·克劳斯特曼出版社2005年版("克劳斯特曼红色书系")译出
参照《海德格尔全集》第62卷之附录三(美茵法兰克福2005年版)

目　录

对亚里士多德的现象学诠释

（阐释学处境的显示）

为马堡大学和哥廷根大学哲学系而作的文稿（1922年秋）

导　言 …………………………………………………… 5

阐释学处境的显示 ……………………………………… 7

《尼各马可伦理学》卷六 ……………………………… 42

《形而上学》卷一第1章和第2章 …………………… 58

《物理学》卷一、卷二、卷三第1—3章 …………… 62

研究工作的第二部分:《形而上学》卷七、卷八、卷九的诠释 …… 69

海德格尔早期"神学"著作 ………………… 伽达默尔　73

编者后记 ……………………………………… 京特·诺伊曼　83

译后记:关于海德格尔的"那托普报告" ………………… 98

对亚里士多德的现象学诠释[1]

（阐释学处境的显示）

为马堡大学和哥廷根大学哲学系而作的文稿
（1922年秋）

---

[1] 本文标题原文为：Phänomenologische Interpretationen zu Aristoteles(Anzeige der hermeneutischen Situation)，作于1922年，系海德格尔为应聘马堡大学副教授职位而寄给当时马堡大学哲学系那托普教授的报告，所以又被学界简称为"那托普报告"（Natorp-Bericht）。本文首次发表于海德格尔诞辰一百周年之际，由莱辛（H.-U.Lessing）编辑，载于《狄尔泰年鉴》（Dilthey Jahrbuch），第六卷，哥廷根，1989年，第235—269页。在本文德文版前言"海德格尔早期'神学'著作"中，伽达默尔称本文之公布为"一件大事"。译者以为，这篇晦涩艰深的文章的重要性在于：海德格尔在其中端出了一个"现象学人类学"的初步方案，该方案与《存在与时间》（1927年）的"基本存在学"无疑有着渊源关系；而另一方面，海德格尔此间正处于思想道路的"开端"阶段，其哲思具有开端性的"寻求"和"试验"特性，显示出某种鲜活生动的探索特质，而这是在后来更为成熟也更为严格的"主要著作"（《存在与时间》）中——在某种意义上讲——隐失了的。中译文参考了米歇尔·鲍尔（Michael Baur）的英译文，载《人与世界》（Man and World），第25卷，1992年，第354—393页，本书中的英译皆指此译本。——译注

打字稿文本并附作者亲笔补充和旁注

生活将寻找一条道路，
也从挑剔到废话挽救自己。①

导　　言②

按其实事领域和认识要求来看，每一种阐释③都具有：

1. 它或多或少明确地占有和固定的视位(*Blickstand*)。
2. 它的视见之具有(*Blickhabe*)。
3. 它的视见之轨道(*Blickbahn*)。

视位包含阐释"由之而来"得以实行的东西，也即生命处境的当下此在方式，阐释就在其中得以发动起来。

视见之具有涉及对在课题上为阐释所攫住的东西的实际的预先规定："作为什么"(das "Als Was")，对象自始在处于这个"作为什么"之中。

视见之轨道——课题对象据此获得阐释的对象联系，就是课题对象在决定性地开始的诠释问题中得以被听取的何所向

---

① ［这则格言是主标题之后打字稿第1页上的一个手写附注］。——编注
② ［手写的前言，也许是事后回顾整个文本而写的。］——编注
③ 中译文对阐释学(Hermeneutik)的两个基本词语 Auslegung 与 Interpretation 作了区分，分别译为"阐释"与"诠释"。译者的基本考虑在于：Auslegung(阐释)更重"存在性"，而 Interpretaion(诠释)更重"语言性"，虽然两者根本上是一体的。——译注

(*woraufhin*)——它因此预先确定了诠释性规定的轨道。

唯就一种阐释根据上面这些角度得到规定并且本身被攫住时，在其中形成的对象之居有才成为一种"实际的"对象之居有。这一形成视——位、视见——具有和视见——轨道的关于阐释的澄清把阐释带［入］站位和停靠（Stand und Halt）之中，也即带入一种明确地被攫住的处境之中。阐释处境① 是在阐释学上显明的。有关每一种具体的阐释处境的阐释学，亦即有关每一种历史学人文科学的阐释学，并不是跛足而行的、空洞的哲学反思活动的事情，而倒是一道归属于当下诠释本身的最本己的实行。在这种诠释中，朝向课题对象和与课题对象打交道的可能性范围得以被决定下来。

*

下面的草案活动于一条"中间路线"上，也就是说，从流行的确定的现象学问题提法出发，它显示出一种更为源始的问题提法。

而不是相反地——为了从根本上获得一种理解——所处理的探究的实事内容，如其适得其所的那样，是根据源始的实际性（Faktizität）难题而得到阐述的。②

---

① 此处"阐释处境"原文为 Auslegungssituation，有别于本文副标题中的"阐释学处境"（hermeneutische Situation）。——译注
② ［打字稿第 1 页上方页边上的两段手写附注。］——编注

阐释学处境的显示 [1]

本文的研究致力于一种存在学[2]和逻辑学的历史。作为诠释工作，本文的研究服从阐释和理解的特定条件。每一种诠释的实事内容[3]，亦即在其被阐释存在（Ausgelegtsein）之如何（Wie）中的课题对象，只有在每一种诠释相关的当下阐释学处境充分清晰地得到标明而可供使用时，才能够适当地成为不言自明的。

按其实事领域和认识要求来看，每一种阐释都具有如下三个因素：一、它或多或少明确地占有和固定的视位（*Blickstand*）[4]；二、一个以视位为动因的视向（*Blickrichtung*），在其中，诠释的"作为什么"（das "als was"）及其"何所向"（das "woraufhin"）得以规定自己，而诠释对象就是在这个"作为什么"中得到先行把握的，并且是根据这个"何所向"而得到阐释的；三、一个由视位和视向而被限定

---

① ［用打字机打出的打字稿稿本的开头。］——编注
② 此处"存在学"（Ontologie）也被译为"存在论"、"本体论"等。——译注
③ ［左页边上的手写附注：］诠释的存在特征！——使如此存在（So*sein*）到时——如何。［诠释］是：已经把捉了历史存在（historisch*sein*）！——编注
④ ［下方页边上的手写附注，带有分配符号：］最初是：视见之具有（*Blickhabe*）——对什么要得到阐释，被当作什么的是什么的预先规定。生命（*Leben*）、存在者的存在学（在何种意义上）——作为如何成型的，如何呈放以及作为什么可通达的？——编注

的视域(Blickweite),诠释的当下客观性要求就在这个视域范围内活动。[①]一旦处境得到了澄清,这就是说,处境(一种阐释就在这种处境中并且对这种处境而言到其时机)按照上面所讲的三个方面得到了澄清,则可能的阐释实行和理解实行以及在其中形成的对象之居有(Gegenstandsaneignung)就成为显明的了。当下的处境阐释学[②]必须形成它自身的显明性,并且把它当作阐释学的显明性带入诠释之开端中。[③]

阐释之处境,作为对过去之物的理解性居有的处境,始终是一种活生生的当前之处境。历史本身,作为在理解中被占有的过去,从其可把握性方面来看,是与阐释学处境的决定性的选择和形成过程的源始性(Ursprünglichkeit)一道生长起来的。过去仅仅按照一种当前所具有的启示可能性(Aufschließenkönnen)的决心和力量而开启自身。一种哲学诠释的源始性取决于哲学研究借以保持自己以及自己的任务的那种特殊可靠性。哲学研究所具有的关于自身及其问题的具体化过程的观念,也已决定了它与哲学史的基本态度。对于哲学问题来说,什么构成真正被追问的对象区域,这是由那个视向来决定的,也即是由过去只能被置入其中的那个视向决定

[①] 此处"视位"原文为 Blickstand、"视向"原文为 Blickrichtung、"视域"(或译"视界")原文为 Blickweite。它们构成"阐释学处境"的三个基本要素。——译注

[②] 此处"处境阐释学"原文为 Hermeneutik der Situation,其中"处境"(Situation)也可译为"情境"、"形势"等。——译注

[③] [段落结尾处的手写附注:]阐释学处境的形成乃是对哲学研究的实际"条件"和"前提"的把握(Ergreifen)。真正的前提在此并不是为了被"同情"和"迫不得已地被承认"为不完美现象,而是被经历(gelebt);而这就是说,不是"无意识地"保持原状,避开它们,而是作为这样一个东西来把握,而这意思就是冲向历史学的东西(das Historische)。——编注

的。这种"穿凿的解说"①不仅没有违反历史学认识的意义，而且恰恰就是我们一般地言说过去的基本条件。在哲学史领域里，以及同样地在其他注重直面问题史的"构造"而丝毫不对文本进行穿凿的解说的领域里，一切阐释都必然让人突然觉得，它们同样也是穿凿附会的，只不过它们没有定向，而且借助于一些有着极不相称的和不可控制的起源的概念手段。人们把对人们"真正做的"事的漠不关心和对其中使用的手段的无知视为对任何主体性的排除。②

对于我们下面的诠释工作及其课题区域的界定工作来说，对阐释学处境的澄清起于这样一个基本信念：按其存在特征来看，哲学研究乃是某种东西，它是一个"时代"——只要它不仅仅在教养方面有所忧虑——决不能从另一个时代那里借得的；但另一方面，哲学研究也是某种东西，它从来不愿宣称自己可以、而且能够为未来时代免除彻底追问的重负和忧心——这就是哲学研究对自身以及它在人类此在中的可能的成就意义的理解。一种已经成为过去的哲学研究对其将来的作用可能性决不能包含在结果本身之中，而是植根于向来已经达到的并且已经具体地形成的问题源始性中；通过这种问题源始性，这种哲学研究作为激发问题的典范才能够始终全新地成为当前。

---

① 此处"穿凿的解说"原文为 Hineindeuten，在字面上了解就是"深入……的解说"，故英译本作 reading-into，参看英译本，载《人与世界》，第25卷，1992年，第359页。——译注

② ［段落结尾处的手写附注：］（参看 Mss. Hm.，第43—98页）。［这个所谓的关于阐释学的手稿未能查明。］

对于本己的、在此往往含糊不清的、偶然被捡拾的阐释学处境的无动于衷和漫不经心，人们把它阐释为无先入之见。——编注

哲学研究的对象乃是**人类此在**(das menschliche Dasein)——哲学研究就人类此在的存在特征来追问人类此在。哲学追问的这个基本方向并不是从外部加给所追问的对象(即实际生命)的,并不是从外部拧在所追问的对象上面的,而毋宁说,它必须被理解为对于实际生命的一种基本运动的明确把握;实际生命以这样一种方式存在,即:它在其存在的具体到时过程(Zeitigung)中为它的存在操心,甚至在它回避自身时亦是如此。实际生命具有这种存在特征,即:它**难以承受自身**。① 对于这一点,最可靠的证明是实际生命有**放松自己**(Sichleichtmachen)的趋向。在这种"难以承受自身"中,按其存在的基本意义来看,而不是在一个偶然特性意义上,生命是**沉重**的。如果生命在这种存在之重和存在之难②中真正是其所是,那么,对生命的真正合适的理解方式以及保真方式③就只可能在一种**变重**(Schwermachen)中。哲学研究若不想彻底地错失其对象,那就只能守住这份责任。但是,一切变轻④,一切对需要的诱惑性巴结,一切对多半只从书本上了解的困顿的形而上学安慰——所有这一切在其基本意图上已经放弃了对哲学对象的洞察、把握甚至保持。所以,对哲学研究来说,当——而且只有当——它并不提供出多样的稀奇古怪的东西,而是提供出彻底单纯的**值得思想**的东西

---

① 此句德语原文为 es trägt an sich selbst schwer,意为:它以自身为重负。——译注

② 此处"存之之重和存在之难"原文为 Schwer- und Schwierigsein,按字面也可译为"沉重的存在和艰难的存在"。——译注

③ 此处"保真方式"德语原文为 Verwahrungsweise,其中 Verwahrung 既有"保存"之义,又有"真实"之词根,故我们权且译为"保真",或可译为"真实地保持"。英译本作 truthfully safe-keeping,亦体现出同样的意思,参看英译本,第 360 页。——译注

④ [行开头上方的手写附注:]不要盯着别人已经思考过的思想!——编注

(*Denkwürdigkeiten*)①，从而并没有为丰富认识的目的而偏离理解性的当前，毋宁说是为了提高疑问性而把这个当前推回到自身那里，这时候，哲学本身的历史才在一种重要意义上对象性地呈现出来。不过，尤其是对于一种当前来说（在这种当前的存在特征中，历史性意识成为构成性的②），这样一种通过忧虑对历史的居有意味着：彻底地理解，究竟是什么总是把一种特定的过去了的哲学研究——在其处境中并且为了这种处境——置入其基本忧虑之中了。所谓理解（*verstehen*）不光意味着有所发觉的了解，而是意味着：源始地重演（*wiederholen*）在其最本己的处境意义上、并且为了这种处境而被理解的东西。但在对原理、定理、基本概念和原则的接受中，以及在受某种方式引导的对这些东西的更新中，上面这种理解是根本不会发生的。对模式的理解性采纳，一种关心自身的对模式的理解性采纳，将从根本上对各种模式进行鲜明的批判，并且将把它们构成为一个可能的可怕对手。

实际此在是其所是，始终仅仅作为完全本己的此在，而不是某种普遍人性的一般此在（das Überhauptdasein），对这种普遍人性的操心和关照③只不过是一种虚幻的任务。历史批判始终只是当前批

350

---

① ［上方页边上的手写附注，带有双重分配符号，也即两次分配给文本：］"传统"：恰恰是非历史性的东西；在其中过去没有作为它所是的东西在此存在，也即没有作为不同的东西和向当前的反冲（Rückstoß）而在此存在——而是作为当前未被决定地处于平均的无关痛痒的"暂先"（Zunächst）中。在传统中没有被居有的过去（既不是阐释学处境也不是过去了的什么内容）。

［第二个分配符号指向第 350 页上方的"构成性的"。］——编注

② ［手写附注（带有指向文本的双重分配符号）参看第 349 页的注释 7（即前一个编注——中译者）。］——编注

③ 此处"操心和关照"原文为德语动词 sorgen，也可译为"忧心"。——译注

判①。批判不可能(可以)②质朴地以为自己能够清算历史:如果……的话③,④那么历史就会如何发生。而毋宁说,批判必须保持对当前的洞察,并且看到它要以一种合乎自己能达到的源始性的方式进行追问。⑤历史之所以被否定掉,并非因为它是"错误的",而是因为它还在当前中起作用,但还不能成为一种本真地被占有的(以及可占有的)⑥当前。

对诠释工作的基本历史态度的确定形成于对哲学研究之意义的阐明⑦。作为哲学研究的对象,实际的人类此在本身是以一种显示方式得到规定的。对哲学问题的具体标识必须从它的这个对象中取得。所以,我们就有必要对实际生命特殊的对象特征作一种初步的准备性的揭示。但这不只是因为实际生命是哲学研究的对象,而是因为哲学研究本身构成实际生命的一种特定方式,而且作为这样一种方式,哲学研究在其实行中使当下具体的生命存在在其自身那里共同到其时机,而不是首先通过某种事后追加的"应用"。这

---

① 此处"当前批判"(Kritik der Gegenwart)也可译为"当代批判"。——译注
② [关于"可能"的手写速记附注。]——编注
③ [关于标点的手写速记附注:]它肯定足够了[?]。——编注
④ [下方页边上的手写附注:]人们"从事"(treibt)历史!而不是"成为"(sein)历史!人之所以是(ist)历史,并不是因为他是"美的","精神上强大的","尊重过去",虔诚,或者是一种优越的远见的明证,后者并没有幼稚地把自身绝对化!在人们"从事"历史的地方,历史学的东西(das Historische)已经消失了!——编注
⑤ [这些字行上方页边上的手写附注:]过去反冲入实存(Existenz)中,对我们来说一般地是要显示此在(Dasein)之为此在,过去作为实存必须不是被[当作]某个东西来直观,而是被承受[?]!——作为某种依然能进入我们的此在之中并且把此在逐入沉沦中的东西。——编注
⑥ [手写速记附注。]——编注
⑦ [手写附注,上面写了:]的存在特征——又在实际性(Faktizität)之中。——编注

样一种共同到时（Mitzeitigung）的可能性基础就在于：哲学研究是实际生命的一种基本运动的明确实行，而且总是保持在实际生命之中。

在这种对阐释学处境的显示中，"实际生命"（faktisches Leben）这个对象的结构不可能具体地被显突并且在其构成性的衔接中被把握，而毋宁说，我们只是要通过对实际性（Faktizität）的最重要的构成要素的列举，来考察"实际生命"这个术语所意指的东西，并且使之作为先行具有（Vorhabe）而可供具体的探究工作使用。

"生命"（Leben）一词及其使用具有令人眼花缭乱的多义性，但这并不能成为干脆取消这个词语的理由。因为这样的话，人们就放弃了一种探究的可能性，不能探究这个词语一度具有的那些含义方向，而只有这些含义方向才使我们有可能深入到具有各种意蕴的对象性那里。为此，我们原则上必须记住：ζωή、vita［生命］这个术语意味着一个基本现象，对人类此在的希腊式诠释、旧约式诠释、新约—基督教式诠释和希腊—基督教式诠释，都是以这个基本现象为中心的。这个术语的多义性在这个有意蕴的对象本身中有其根源。对哲学来说，这种意义的不稳靠性只能成为消除这种不稳靠性的理由，或者说，如若这种不稳靠性作为一种必然的特性植根于其对象之中，那么，哲学就要把它变成一种明确地居有的和显而易见的不稳靠性。这种对多义性的态度（πολλαχῶς λεγόμενον［多样地被言说者］）并不是对孤立词义的空洞挑剔，而是表达了那种彻底倾向，就是要使有意蕴的对象性本身成为可通达的，并且使各种不同的意指方式的动因来源成为可动用的。[①]

[①] ［段落结尾处的手写附注：］生命——世界——［存在］。——编注

实际生命运动的基本意义是关照(das *Sorgen*)(即拉丁文的 curare)①。② 在这种定向的、关照着的"向某物存在出去"中,③ 生命之关照(die *Sorge*)的何所向(*Worauf*)在焉,那就是当下的世界。关照运动(die *Sorgensbewegtheit*)具有实际生命与其世界的交道(*Umgang*)的特征。关照之何所向就是交道之何所交(*Womit*)④。现实存在的意义和世界的此在植根于并且取决于世界的特征,亦即作为关照着的交道之何所交的世界特征。世界在此,作为总是已经以某种方式被纳入(被置入)⑤关照之中的世界而在此。根据可能的关照方向,世界表现为周围世界(*Umwelt*)、共同世界(*Mitwelt*)和自身世界(*Selbstwelt*)。相应地,关照(das *Sorgen*)是对于生计、职业、享受、无所干扰、无灾无难的关照(die *Sorge*),是关照于"与……的亲熟""对……的了解""关于……的认识"⑥、把生活在其最后目标中固定起来。

---

① [下方页边上的手写附注,带有分配符号:]recuration[反屈、反弯]:历史学的东西——其中有最高的存在之保存(*Seinsverwahrung*)。——编注
② 我们在此以"关照"译动词 sorgen、动名词 das Sorgen 以及名词 die Sorge,以"照料"译 Besorgen 以及相应动词,以"照顾"译 Fürsorgen 以及相应动词。值得一提的是,我们所谓"关照"直接取字面义,即"关心"、"照顾"。《存在与时间》中译本把 Sorge、Besorgen、Fürsorgen 依次译为"烦"、"烦忙"、"烦神",修订译本则改译为"操心"、"操劳"、"操持"。参看海德格尔:《存在与时间》,中译本,陈嘉映、王庆节译,商务印书馆,2016 年(中文修订第二版)。——译注
③ 此处"向某物存在出去"德语原文为 Aussein auf etwas。英译本作 Being-out-toward-something。参看英译本,第 361 页。——译注
④ [下方页边上的手写附注,带有分配符号:]如果交道的存在特征(即交道作为实际性的)得到理解(绝不是作为体验),那么,这个何所交(das Womit)从来不会丧失和得到一种布景(*Kulisse*)的单纯朦胧特征。——编注
⑤ [手写在上面。]——编注
⑥ [手写插入,在"对……的了解"之后。]——编注

照料(Besorgen)①② 之运动显示出实行活动(Vollzug)的多样方式以及与交道之何所交的关涉存在(Bezogensein)的多样方式：忙碌于什么、提供什么、制作什么、由什么来保障、利用什么、用什么来做什么、占有什么、保存什么、丢失什么，诸如此类。料理着的③ 交道的何所交，这种每每与上述不同方式相应的何所交，在此总是处于一种确定的熟悉状态和亲熟状态中。④ 这种关照着的交道总是在某个特定的视野(Sicht)中有其何所交；在交道中，与交道一起到其时机并且引导着交道的，是活生生的环视(Umsicht)。关照是环视(Sichumsehen)，而且作为环视的关照，它同时照料着环视之构成，照料着对那种与交道对象的亲熟状态的保障和提高。在环视中，交道之何所交自始就被把握为……、被定向于……、被阐释为……。对象性的东西作为如此这般有意蕴的东西在此存在，世界是在意蕴状态(Bedeut*samkeit*)之特征中照面的。关照着的交道(der sorgende Umgang)不只具有放弃定向(Ausrichten)之关照的可能性，而不如说，基于实际生命的一种源始的运动趋向，它具有一种放弃定向之关照的倾向。在这样一种对朝向照料着的交道的趋向的封锁中，这种交道成为一种没有料理和定向意图的单纯环

---

① ［行上方的手写附注：］强调存在特征。——编注
② ［对"照料"的手写附注：］→引导(einführen)。——编注
③ 此处"料理着的"原文为分词 verrichtend。其动词形式 verrichten 意为"做、完成、办理"。但在海德格尔这里似还强调了此词的词根含义，即"取向"，故下文接着就出现了"定向"(Ausrichten)、"料理"(Verrichtung)和"定向"(Ausrichtung)等词语。英译本把这里的 verrichtend 译作 routine-directive，参看英译本，第362页。——译注
④ ［手写附注：］生命、世界。——编注

视。环视获得了纯粹观察（*Hinsehen auf*）的特征。① 在观察、好奇（cura，curiositas）之关照中，世界在此焉，并非作为料理着的交道的何所交，而只不过是鉴于它的外观（*Aussehen*）。这种观察作为观察着的、称呼着和谈论着的② 规定实行自己，并且自行组织为科学（*Wissenschaft*）。据此看来，科学乃是一种通过实际生命而到其时机的、在观察之际照料的与世界的交道方式。作为这样一种交道运动，科学就是实际生命的一种存在方式，并且共同构成实际生命的此在。当下获得的观察状态（着眼于其外观的世界之对象联系的规定性）与环视共生共长。③ 这种环视是以对交道对象性的称呼（*Ansprechen*）和谈论（*Besprechen*）的方式实行自己的。世界总是在一种确定的被称呼存在、称呼（λόγος[逻各斯]）的方式中照面的。④

在料理趋向的解除中，交道取得了一种逗留（*Aufenthalt*）。观察本身成为一种独立的交道，而且作为这样一种交道，它就是一种规定性的逗留，即在对操办的节制中逗留于对象性的东西那里。对象作为有意蕴的对象在此存在，而且，只有在方向确定并且分层次的理论化过程中，在单纯事实和事物意义上的对象性的东西才形成于世界的实际照面特征之中，亦即形成于意蕴之物（*Bedeutsamen*）。⑤

---

① ［下方页边上的手写附注，带有分配符号：］生命现在在观察之关照（*Sorge*）中有其存在。一种本己 βίος［生命、生活］的可能性。——编注

② ［手写插入，在"观察着的"之后。］——编注

③ ［上方页边上的手写附注，带有分配符号：］借此环视，生命向来侵占一种本己的存在状态，但同时也侵占了它本己的疑问状态的新可能性。——编注

④ 此处"被称呼存在"原文为 Angesprochensein，"称呼"原文为 Anspruch。显然海德格尔在此是在"称呼"、"言说"角度了解希腊的 λόγος［逻各斯］的。——译注

⑤ ［段落结尾处的手写附注：］环视（*Umsicht*）涉及未被揭开的世界生活

实际生命始终都活动于某种特定的被阐释状态(*Ausgelegtheit*)中,活动于一种传承下来的、经过修改或者重新加工的被阐释状态之中。①环视为生命提供了它的世界,这个世界是根据这样一些方面而得到阐释的,在其中,世界作为照料对象而被遭遇和期待,被投入任务之中并且作为庇护之所而被寻求。这些方面多半不明确地可为实际生命所支配;实际生命通过习惯途径更多地陷身于其中,而不是明确地把它们侵占。这些方面为关照运动(照料以及环视着的称呼和谈论)②预先规定了实行轨道。世界的被阐释状态实际上就是生命本身置身于其中的被阐释状态。在这种被阐释状态中,已经在方向上一道确定了生命如何把自身纳入关照之中;而这就是说,在那里已经一道设定了生命此在的一个确定意义("作为什么"以及"如何"),在其中,人得以把自身保持在本己的先行具有(Vorhabe)中。③

关照运动并不是与在此存在着的世界相对立的生命的一个自为地进行的事件。世界在生命中并且为了生命而在此存在。但这并不是在单纯的被意谓之存在和被考察之存在的意义上来讲的。④

(*Weltleben*)——关照和意蕴状态——被揭开者被熔化了;未被揭开的生命。为什么是阐释?环视着的称呼着的世界生活。——编注

① [手写边注:]参看附页[本书附录三之二,第401页以下。]——编注
② [手写插入。]——编注
③ [手写参阅。]参看第15、16页[本书下文第362—363页、第363—364页]。——编注
④ [上方页边上的手写附注,带有分配符号:]生命恰恰作为对一个(它的)世界的合乎存在的具有(Haben)而存在。世界不是某种事后向生命展开或者不展开自己的东西,而不如说,生命说的是:在一个世界中存在,而且是在与世界的有所照料的交道意义上存在。生命之存在"沦于"其世界的存在。在交道中(在关照中),世界已经以某种方式展开了;作为以某种方式展开的东西,世界对生命来说——作为寻视的照料着的

只有当实际生命逗留于它有所照料的交道运动中时，世界此在（Weltdasein）的这种方式才自行到其时机。作为现实性和实在性，或者甚至还在缺乏意蕴的自然对象性中，世界的这种此在多半必定成为认识论和存在学问题的起点。世界的这种此在只有作为从一种确定的逗留（作为让在—存在—之中—照面）① 中形成的此在才成其所是。而这种逗留本身乃是在有所照料的交道的基本运动中并且为了这种基本运动的逗留。

然而，照料本身不只是一般地在其源始意向性中与其世界相关涉。照料运动并不是一种漠然无殊的实行，以至于随着这种实行，根本上唯在生命中才有某物发生，而生命本身就成了一个事件。在关照运动中活生生的乃是对于世界的一种关照倾向，这种倾向就是爱好溶入世界之中，爱好自身为世界所席卷。这种照料（Besorgnis）爱好是生命的一种基本的实际倾向的表达，即生命倾向于脱落于自身（*Abfallen* von sich selbst），同时倾向于沉沦于世界（*Verfallen* an die Welt），且因此倾向于它自身之蜕化（*Zerfall* seiner selbst）。在术语上，关照运动的这个基本特征可以确定为实际生命的沉沦倾向（*Verfallensgeneigtheit*）（或者简言之，就是沉沦② 于——）；而且，这同时也已经显示了关照趋向的方向意义和意向上的何所向。此处所谓沉沦（Verfallen），我们不能把它理解为一个客观的事件和仅

生命——同时也锁闭了；这个"已经"恰恰合乎存在地对于生命来说是它本[己的]关照运动的"尚未"（Noch nicht）。——编注

① ［手写插入。］——编注

② ［下方页边上的手写附注，带有分配符号：］在作为"硬化"（*Verhärtung*）的"哲学"阐释中明确地被组织起来的沉沦。世界——文化——"公正"。——编注

仅在生命中发生的某个东西,而必须把它理解为一种意向方式。这种爱好乃是生命实际地承担起来的最内在的厄运。[①]作为厄运在其中"存在"(*ist*)的方式,这种自身承担的方式与这种厄运本身一道,必须被设定为实际性(Faktizität)的一个构成环节。

这种运动特征决不是一个偶尔出现的恶劣特性,一个要在人类文化更进步和更幸福的时代里加以革除的特性。情形根本就不是如此,以至于我们可以说,这样一种把人类此在设定于一个有待达到的完满状态和天国般美妙的自然状态中的做法,本身只不过是对这种沉沦于世界的倾向的扩大化。在这里,由于人们对生命最本己的存在特征视而不见,生命就——在一种任意的善意的冷漠中保持原样——世界性地[②]被视为一个可以制作成理想形态的交道对象,被置于关照中[③]——作为质朴的照料活动的何所向。

实际生命在其沉沦倾向中获得这样一种对其自身的世界性阐释,这一事实表达了这种运动的一个基本特性,即:这种运动对生命本身来说是诱惑性的(*versucherisch*)[④],因为它从世界角度为生命开展出理想化的轻易处世(Sichleichtnehmen)的可能性,从而为之开展出误入歧途的可能性。作为诱惑性的趋向,沉沦趋向

---

① 中译文未能显出此句中"爱好"(Hang,或译"倾向、癖好")与"厄运"(Verhängnis)之间的字面联系。——译注

② [对前面文字的手写修正和补充:]……在其最本己的运动特征面前世界性地……——编注

③ [手写插入,在"交道对象"之后。]——编注

④ [上方页边上的手写解释,带有分配符号:]赶紧前行的和预先评估的认识(生命由之得以延伸)所具有的沉沦着的存在特征! ——编注

同时又是安慰性的①(在公众的处身情态中)②,也即说,它把实际生命固定在其沉沦状态(Verfallenheit)的境况中,以至于生命认为此种境况就是无忧无虑的安全和最理想的作用可能性的准处境(Quasisituation),并且照料着把此种境况构成为这种准处境。③[与这种境况(Lage)不同,实际生命的处境(Situation)标示着生命采取的位置,后者被揭示为沉沦着的位置,并且是在当下具体的忧虑(作为沉沦着的关照的可能反动)中被把握的。]在安慰之际,这种构成诱惑的沉沦趋向也是疏离的(entfremdend),④而这就是说,实际生命由于溶入它所照料的世界之中而越来越对自身感到生疏,而且,委诸自身并且作为生命出现的关照运动越来越从实际生命中获得了这样一种实际可能性:在忧虑(Bekümmerung)⑤中洞见自身、从而把自身当作有所居有的回行(Rückgang)的目标。具有上述诱惑、安慰和疏离三个运动特征的沉沦趋向不仅是有所定向、有所制作的交道的基本运动,而且也是环视本身及其可能的独立性的基本运动,也是观察以及在认识上具有规定作用的称呼和阐释

---

① [下方页边上的手写解释:]沉沦于自身为了自身而形成的习惯,作为保护和防御。——编注
② [手写附注。]——编注
③ [左手页边上的手写附注:]升起(Aufsteigerung)!——编注
④ [左手页边上的手写附注:]恰恰在其信仰的自身阐释和处身情态中的此在,最可能在世界之中并且另一方面历史性地思考自身。——编注
⑤ [手写脚注,只出现在寄给哥廷根的格奥尔格·米施(Georg Misch)的打字稿样中:]忧虑并不意指一种带有忧愁表情的情绪,而是指实际的被决断存在(Entschiedensein),对实存(Existenz)的把握(参看第13页[见本书下文第360—361页]),作为对人们要照料的东西的把握。如果人们把"关照"(Sorgen)看作一种 *vox media*[中性的声音](它本身作为含义范畴在实际性之称呼中有其本源),那么,忧虑就是实存之关照(genetivus obiectivus[第二格宾语])。——编注

的基本运动。实际生命不仅作为有意蕴的事件以及世界的重要性（Wichtigkeit）来看待自己和关注自己，而且，只要它与自身说话，那它也就说着世界的语言（Sprache der Welt）。

本真地向来属个体的实际生命多半没有被经历为实际生命，个中原因就在于沉沦倾向。而毋宁说，实际生命活动在关照、交道、环视和世界把握①的一种特定的平均状态（Durchschnittlichkeit）之中。这种平均状态乃是当下公众（Öffentlichkeit）、环境、主流、"就像许多他人一样"的平均状态。就是这个"常人"（das "man"）实际地经历着个别生命——常人照料、常人观看、常人判断、常人享受、常人做事、常人发问。实际生命由这个"无人"（Niemand）来经历，一切生命都把其照料之心献给了这个"无人"。②生命作为总是以某种方式陷于非本真的传统和习惯中的东西而存在。从非本真的传统和习惯中产生了需要，而且在其中也开出了在照料中实现这种需要的道路。在它溶入其中的这个世界中，在它所交道的平均状态中，生命对自身遮蔽自己。沉沦趋向乃是生命对自身的回避。③对于这种基本运动，实际生命本身通过它对死亡（Tod）的面对方式提供出最鲜明的证明。

恰如实际生命按其存在特征来看根本就不是一个事件，同样地，死亡也不是一种终止，不是这个事件在某个时候出现了中断。

---

① ［句末对前面文字的手写补充：］……交道、环视和世界把握。——编注
② ［下方页边上的手写附注，带有分配符号：］"普遍性"——"普遍有效性"在哲学中"常人"（man）的统治地位的逻辑！与之类似的是关于历史性的东西的柏拉图主义。每个人对于每个人的"普遍的纠缠不休"！——对被阐释的此在。——编注
③ 此处"对自身的回避"原为一个词组 Sich selbst aus dem weg gehen，但海德格尔却把它书作"一个词"：Sichselbstausdem Weggehen。——译注

359 死亡对实际生命来说是某种悬临的东西;实际生命面临死亡犹如面临某种注定的东西。生命以这样一种方式存在,即:它的死亡始终不知怎么地为它而在此,为它出现在一个视野中;而且,即使"对死亡的思想"受到拒绝和抑制,也依然是这种情况。死亡呈现为关照的这个①对象,恰恰是因为它以咄咄逼人的顽固性表现为一种生命方式。生命之关照对其死亡的强求的无忧虑状态,是通过向世界性的照料的逃遁而得到实行的。然而,对死亡的视而不见却根本不是一种对生命自身的把握,以至于它恰恰成为生命对自身及其本真存在特征的一种回避。对死亡的悬临着的具有(Bevorstehendhaben)——既以逃遁着照料的方式[又]以攫住生命的忧虑的方式——对于实际性之存在特征来说是构成性的。在对确定的死亡的具有(一种攫住生命的具有)中,生命本身变得显明了。如此这般存在的死亡赋予生命②一个视野,并且不断地一道把生命带向其最本己的当前和过去——这种过去植根于生命本身中而与生命亦步亦趋。

如果人们总是一再试图规定实际生命的对象特征和存在特征,而不顾死亡以及"死亡之具有"的原则性的和对问题具有指导作用的共同开端,那么,这就是一个不能仅仅通过事后追加的补充来加以重新纠正的失误了。我们在这里描写的关于死亡之存在特征的纯粹构成性的存在学问题,与一种关于不朽的形而上学以及一种关于"然后是什么?"(Wasdann?)的形而上学是毫无干系的。作为实际性的一个构成因素,人们所具有的悬临着的死亡及

---

① [速记附注未能辨认。]——编注
② [手写附注,在"生命"之后:]一种存在与。——编注

其特有的对生命之当前和过去(历史学[的东西])[①]的揭示方式,同时也是这样一个现象,只有根据这个现象,人类此在特殊的"时间性"(*Zeitlichkeit*)才能够得到明确的显突。历史学的东西(das *Historische*)的基本意义是根据这种时间性[②]的意义而得到规定的,而绝不是通过对一种偶然地确定的被校正的[③]特定历史描述中的概念构成的形式分析而得到规定的。

可是,上面所显示出来的实际性之构成特征,即关照、沉沦趋向、死亡之具有方式,看起来似乎违反了我们已经强调过的实际生命的那个基本特性,即:实际生命是一个存在者,这个存在者在其到时(作为实际的世界生活)[④]方式上取决于它本己的存在。但这只是看起来如此而已。在一切对自身的回避中,生命实际地为它本身而在此存在;恰恰在这种"离开他自身"(Wegvonihm)中,生命端出自身并且追逐着它向世界性照料的溶入。与实际时间性的每一种运动一样,这种"溶入"(Aufgehen in)在自身中具有一种或多或少明确的和未得承认的对它所回避的东西的回顾(*Rück*sicht)。但是,它所回避的东西就是作为明确地得到把握的实际可能性的生命本身,作为忧虑之对象的生命本身。

每一种交道都具有它的环视;这种环视把交道之何所交(一

[①] [手写插入。]——编注
[②] [上方页边上的手写附注,带有分配符号:]时间性——死亡,决定性地一次性(Einmaligkeit)!这种"一次"(Einmal)彻底地是生命之"一切"(Alles)。
[时间性]并不是一个量(Quantitativum)和这样一种先后相继(Nacheinander),而是实在状态上的实际的跳跃;连续性(*Kontinuität*)同样向来是一种跳跃(προαίρεσις[优先选择、抉择]!),期待之何亦然!——编注
[③] [速记插入(各一个词)。]——编注
[④] [手写插入。]——编注

种在当下可达到的本真状态中的何所交）带入引导性的先见（Vorblick）之中。生命存在本身，这种在实际性本身中可通达的生命存在本身①，具有下面这样一种特性，即：只有绕着弯路②通过对于沉沦着的关照的反运动，它才会变得显而易见的和可达到的。为生命不致失落而忧虑，这种反运动乃是可能的、被把握住的本真生命存在到其时机的方式。③这种在实际生命中对实际生命本身而言可通达的实际生命本身的存在，我们可以称之为实存（Existenz）。④作为对实存忧心忡忡的生命，实际生命是走弯路的（umwegig）。在忧虑中把握住生命之存在的可能性，同时也就是错失实存的可能性。⑤实际生命向来可能的实存，作为生命可能错失的它自身中的

---

① ［左手页边上的手写附注：］爱好（Hang）和否定（Nagation）作为基本实存畴（Grundexistenzial）。——编注

② ［左手页边上的手写附注：］更鲜明地采取弯路（Umweg über）——在其每一种存在方式中，历史地保留其来源，亦即生命存在（ist）；"适合于"它的东西，"它向来是的东西"在爱好（Hang）中活动，"悬系停留"为它之中；对于一种悬系停留（Hängen an und in）的爱好。——编注

③ ［下方页边上的手写附注：］也就是说，借助于已知的意向性（Intentionalität）只是切中了一个"暂先"（Zunächst）——在一种沉沦着的对……的观察和与"体验"（内感知）的观察着的同行中。使"意向性"成为一种伸展（Ausladung）的原始现象——依然被掩盖了；只有在关于丰富的实际性（Faktizität）的彻底阐释中才可理解。

基本实存畴。

"不" ｜ 决 ── 心
　｜　　　← ｜ ─ ｜ →
实际性的　＝　在运动中　＝　历史学的。——编注

④ 前期海德格尔使用的"实存"（Existenz）通常也被译作"生存"。——译注

⑤ ［上方页边上的手写附注，带有分配符号：］被把握的可能性——实存状态上的追问（是"我"）——乃是生命靠自己把自身投入"空虚"之中；"是"（bin）——何种存在之先行具有（Seinsvorhabe）——从何而来？如何担保？在具体的照料中实际地追问。世界在"此"（da），而且恰恰作为这样一种东西，世界是没什么可说的。

离弃状态（Verlassenheit）——被把握的——而且存在着总是沉沦着的。实存状态

某种东西,根本上是值得追问的。实存之可能性,作为在其时间性中的实际性的一种到时方式,始终是具体实际性的可能性。实存显示什么,根本上是不能以一种直接而普遍的方式来加以追问的。只有在实际性之疑问的实行中,在那种根据其运动动因、方向和有意的可支配性对实际性的当下具体的解构(Destruktion)中,实存在其自身中才成为显明的。①

这种针对沉沦趋向的反运动不能被阐释为遁世(Weltflucht)(就如同不能把沉沦阐释为世俗化——祸害和恶事)②。一切遁世态度的特性乃在于:它们并不企求在其实存特征中的生命,这就是说,它们并不想在生命根源性的疑问状态中来把握生命,而倒是异想天开地把生命带入一个全新的令人安慰的世界中。通过对实存的忧虑,当下生命的实际状况丝毫没有改变什么。变得不同的是生命运动的方式,这种方式本身绝不能成为公众和"常人"的一件事情。交道中的照料乃是一种忧虑于自身的照料。就其本身来说,实际生命对其实存的忧虑并不是沉溺于自我中心主义的反思中;它之成其所是,只是作为对生命之沉沦趋向的反运动,也就是说,它恰恰就存在于向来具体的交道运动和照料运动中。在这里,作为"不"(Nicht)的"反"(Gegen)昭示出一种源始的构成存在的作用。鉴于

上的意义=在决心中已经放弃(Aufgegebenhaben)("已经被……离弃")。在有所忧虑的追问中的存在,也即朝向对世界无所期待的实际性本身的阐释角度。并非世界性的情调之离弃状态,这种情调其实恰恰是想要世界的枕头,寻求这个枕头。——编注

① [段落结尾处的手写附注:]对其根据合乎实际性的(实存状态上的)先行具有和先行把握而存在的被阐释状态的解构(在这种被阐释状态的如何中的什么)。——编注

② [手写插入。]——编注

其构成性的意义，否定相对于肯定就具有一种源始的优先地位。而且，这乃是因为，人的存在特征实际地是通过一种沉降(Fallen)、一种世界性的爱好(Hang)而得规定的。这一源始事实本身的意义，以及这种事实性本身的意义，如果竟能得到诠释的话，那就只有在被把握住的实际性中、并且相对于这种实际性才能够得到诠释了。着眼于生命的实存可能性，生命之洞见的实行以及生命的洞见诉求的实行具有一种阐释的特征，即根据其存在意义对生命的有所忧虑的阐释的特征。实际性与实存说的并不是一回事，而且，生命的实际存在特征并不是由实存来规定的；实存只是一种可能性，一种在被标识为实际生命的生命之存在中自行到时的可能性。而这就意味着：处于实际性之中心地位的，乃是一个关于生命之存在的可能的、彻底的难题。

第一，如果哲学并不是一种杜撰的、仅仅在生命中随波逐流的对某些"普遍性"和任意设定的原则的探讨，而不如说，作为追问着的认识，亦即作为研究，哲学只不过是对生命之基本运动（生命就在这些基本运动中关注自身及其存在）所具有的阐释趋向的真正明确的实行；而且第二，如果哲学意在洞见和把握在其决定性的存在可能性中的实际生命，这就是说，如果哲学已然决定彻底而清晰地靠它自身（不考虑世界观方面的忙碌活动）使实际生命基于它己的实际可能性而为自身说话，亦即说，如果哲学根本上是无神论的，[①] 并且哲学也明白这一点——如果这样的话（如果有上述两条），

---

① ［机打打字稿上的脚注：］所谓"无神论的"，不是在一种作为唯物主义或者诸如此类东西的理论意义上讲的。每一种在其所是中理解自身的哲学，作为生命之阐释的实际的如何，都必须知道（而且恰恰当它还具有一种关于上帝的"猜想"时），它所完

那么，哲学就已经决定性地选择了在其实际性中的实际生命，并且已经使实际生命成为自己的一个对象了。哲学研究的方式乃是根据这种存在意义的基本范畴结构对这种存在意义的诠释；这里所谓基本范畴结构，就是实际生命自行到时、并且在到时之际与自身言说（κατηγορεῖν）[①]的方式。哲学研究并不需要世界观的盛装，并不需要仓促地操心于在当前诸多纷乱中"没有来得太迟"以及"尚未一道到来"之类的事情；只要哲学仅仅从它所把握的对象出发理解了下面这一点，即：凭借这个对象，每一种世界观的源始的、与存在相关的可能性条件已经作为有待追问的东西（只有在研究的严格性中才能显明的东西）交付给哲学研究了，那么情形就如上述。这些条件并不是"逻辑形式"，而不如说，作为在范畴上被理解的条件，它们也已然是实存之实际到时过程的可能性——已经被纳入真正的可支配性之中的可能性。

哲学问题关涉实际生命的存在。从这个角度来看，哲学就是原则性的存在学（*prinzipielle Ontologie*），而且，各种确定的、个别的关于世界的区域存在学，都是从实际性之存在学那里获得它们的问题基础和问题意义的。哲学问题关涉那种在当下被称呼存在和被

364

成的生命向自身回扯，在宗教上讲就是一种对上帝的投票表决。但只有这样，哲学才真诚地、亦即依照它本身可支配的可能性面对上帝；在这里，"无神论的"意思是：摆脱令人误入歧途的、仅仅对宗教性夸夸其谈的照料。是否一种宗教哲学的理念（尤其是，如果它没有考虑到人的实际性）就是一种纯粹的荒唐？——原注

① ［上方页边上的手写附注，带有分配符号：］这些范畴的存在之到时的意义——"言说"（Sprechen）的：言说是一种 ἀληθεύειν［解蔽、揭示］，世界之给予（Weltgeben），也即进行关照、导致照料，即生命之存在；作为未被揭开的世界生活之言说，言说凭着自身以确定的世界谈论（*Welt*besprechen）之方式；在此领域中的一切所谓的"原则性的东西"；秩序的追问；优势的追问；共性的追问；普遍的东西。——编注

阐释存在之方式（Wie）中的实际生命的存在。这就是说，作为实际性之存在学，哲学同时也是对称呼（Ansprechen）和阐释（Auslegen）的范畴诠释，亦即是**逻辑学**。

存在学和逻辑学必须回到实际性问题的源始统一性之中，必须被理解为^①那种可以称为实际性之现象学阐释学的原则性研究的伸展^②。

哲学研究必须使对实际生命的向来具体的阐释（即对关照之环视和忧虑之洞识的阐释）及其在生命之到时过程中的统一性成为范畴上显明的；哲学研究必须着眼于这些阐释的**先行具有**（Vorhabe）（生命把自身置入存在的何种基本意义中）、并且联系于它们的**先行把握**（Vorgriff）（实际生命在何种称呼和谈论方式中对自身说话、与自身说话），使这些阐释成为显明的。阐释学乃是现象学的阐释学，这意思就是说，阐释学的对象域，即着眼于其存在方式和言说方式来看的实际生命，已经在课题和研究方法上被视为现象（Phänomen）了。^③ 对象之结构，把某物刻划为一个现象的对象之结构，即**完全的意向性**（与……相关联的存在、关联之为关联的目标、自身关联的实行、实行之到时过程、到时过程之保真），无非就是一个具有实际生命之存在特征的对象的结构。意向性，仅仅被视为"与……相关涉的存在"的意向性，乃是生命（亦即**关照**）之基本运动的第一个

---

① ［手写附注，带有分配符号：］（实际的、历史性的伸展——并非源始地被提出来的核心问题的真正彻底的形成）。——编注

② ［用连线分配的手写附注：］被中止的和沉沦的、流传下来的开端方式和问题方式；被中止的道路（尤其是"表现上"彻底的追问的逻辑）。——编注

③ ［左手页边上的手写附注：］纯粹地显示着！没有来自实际性问题的指向（Direktion）。——编注

首先可以显突出来的现象特征。① 现象学乃是彻底的哲学研究本身，从它在胡塞尔《逻辑研究》那里的第一个突破开始，现象学就是这种东西了。在现象学研究本身范围内，人们有时仅仅把现象学视为一种旨在提供清晰概念的哲学上的前科学，而只有借助于这些清晰概念的帮助，某种真正的哲学就可以进行工作了——仿佛没有那种核心的、总是全新地被占有的基本定向，即一种以哲学问题本身的对象为指导的基本定向，人们就能够描述地澄清哲学的基本概念。以这种看法，人们根本就没有把握现象学及其最核心的动机。

这里已经显示出我们下面的诠释工作要采取的一个视位。我们的诠释工作是现象学的，是对存在学和逻辑学历史的探究。关于实际性之现象学阐释学的观念本身包含着如下任务，即：形式的和实质的对象学说和逻辑学的任务、科学学说的任务、"哲学的逻辑学"的任务、"心灵的逻辑学""命运的逻辑学"②的任务、关于"前理论的和实践的"思想的逻辑学的任务；而且，它包含着这些东西，并不是作为某个概括性的集合概念，不如说，根据其作用力来看，它乃是哲学问题的原则性开端。

但是，眼下还没有弄清楚的是，对于这样一种阐释学来说历史性研究应当发挥何种作用，为什么恰恰亚里士多德被置入研究课题

---

① ［下方页边上的手写附注，带有分配符号：］"意向性"：交道之确定地被形式化的存在特征；从"心理学的"或者"意识"理论的"体验"主题的先行具有中取出来！

［意向性：］在《逻辑研究》中以及后来虽然依然地道、但已掉落的盲目阐明的形式对象领域。

［特别可参看胡塞尔：《逻辑研究》，第二卷/第一部分，第五章，关于意向体验及其"内容"。关于这个版本，见附录二，布勒克（Bröcker）的笔记，第10节，上文第310—311页，注释6。］——编注

② ［手写插入。］——编注

之中，还有，这种研究将要如何来完成。特定视向（视之具有和视之轨道）①的动因起于对视位的具体把握。"实际性"（Faktizität）这个观念意味着：向来只有本真的实际性（在词面意义上理解就是本己的实际性），亦即本己时代和世代的实际性，才是研究的真正对象。由于它的沉沦趋向，实际生命多半生活在非本真之物中，这就是说，它多半生活在传承之物中，生活在被传送给它的东西中，生活在它以通常方式居有的东西中。甚至作为本真占有物源始地形成的东西，也沉沦于平均状态和公众状态，丧失了从其源始处境而来的特殊的起源意义，并且自由地飘浮着进入"常人"的普通状态之中了。这样一种沉沦涉及实际生命的每一种交道和每一种环视，尤其是它本己的按照先行具有和先行把握进行的阐释之实行。以追问和求解为方式的哲学也处于这种实际性运动中，因为哲学只不过是对实际生命的明确阐释而已。②

据此看来，实际性之现象学阐释学本身必然地在其实际处境范围内，发端于一种确定的预先给定的实际生命的被阐释状态，后者乃是实际性之现象学阐释学本身首先要承担的，并且绝不能完全拒斥的。根据上面关于每一种阐释所具有的沉沦趋向所讲的意思，正是这种被阐释状态的"不言自明性"（这是这种被阐释状态中还没有得到讨论的东西，被认为不需要进一步澄清的东西），将成为那种东西，它非本真地（亦即没有基于其本原的明确居有）保持着在

---

① ［手写插入。］——编注
② ［句末对前面文字的手写修正和补充：］……以其追问和求解的方式。——编注

问题之确定和追问之导向方面占支配地位的作用力量。

实际生命本身所实行的对它自身的称呼和阐释,其洞见轨道和言说方式是可以从世界性的对象之物那里得到预先确定的。人之生命、此在、人成为一种以阐释方式有所规定的追问的对象时,这种对象性就处于先行具有中,成为一个世界性的事件,成为"自然"(Natur)①(心灵之物被理解为自然,同样地,精神和生命亦在与此相类的范畴联结中被理解)。我们今天还在谈论人的"自然"、心灵的"自然",一般地还在谈论"事物的自然",②并且也还如此这般地在范畴上讨论这种对象之物,亦即说,用一些从某种确定的阐明中、从一个以特定方式被看待的"自然"中形成的范畴来讨论这种对象之物,这个事实是有其精神史上的动因的。即便在对象根本就不再粗略地被称呼为"实体"(Substanzen)的地方(顺便提一下,亚里士多德比人们通常所讲授的更远离于这种称法),以及在对象并没有根据其隐秘的性质而被追问的地方,生命阐释其实也还是在那些基本概念、问题开端和阐明倾向中活动的,而所有这些基本概念、问题开端和阐明倾向起源于我们今天久已不再具有的对象经验。

大体上,今日处境的哲学非本真地活动于希腊的概念机制之中,而且其实就活动于一种经受了一系列形形色色的诠释工作的概念机制之中。基本概念已经丧失了它们源始的表达功能,为确定地被经验的对象区域确定地设置起来的表达功能。但是,在这些基本概念所经受的一切类比化和形式化中,却保持着一个确定的来

---

① [手写附注:](但这还不是在现代的理论的意义给予中)。——编注
② 此处"自然"(Natur)通常被翻译和被理解为"本性"。——译注

368 源特征；就它们身上仍然有指向它们的对象源泉的意义方向可以证明而言，这些基本概念还携带着它们的源始意义的真正传统的一部分。在着手处理人之理念、生命理想以及关于人类生命的存在观念时，今日处境的哲学活动于那些基本经验的支脉中，即活动于通过希腊伦理学、特别是通过基督教关于人和人类此在的观念而形成的那些基本经验的支脉中。即便是反希腊的和反基督教的倾向，原则上也还保持在同样的考察方向和阐释方式中。因此，实际性之现象学阐释学看到自己受到指引，要松动一下传统的占支配地位的被阐释状态，要根据它被掩盖了的动机、不明确的倾向和阐释途径来松动这种被阐释状态，并且通过一种拆解性的回溯（im abbauenden Rückgang）深入到阐明的源始动机源泉那里；实际性之现象学阐释学看到自己受到这样一种指引，是因为它的意图是要通过阐释一道促使今日哲学的处境获得一种彻底的居有可能性（而且这是以一种预先给出具体范畴的"使……令人注意"的方式）。阐释学只有通过解构的途径才能完成它的任务。① 只要哲学研究理解了它课题上的何所向（即生命之实际性）的对象方式和存在方式，那么，它就是一种彻底意义上的"历史的"认识。对于哲学研究来说，对哲学历史的解构性争辩（die destruktive Auseinandersetzung）绝不只是一个以图解过去之物为目标的附属物，绝不是一种对他人过去"所作所为"的偶然回顾，绝不是一个用于设计各种轻松愉快的世界历史景观的机会。而毋宁说，解构乃是一条真正的道路，在其本己的基

---

① 此处"解构"（Destruktion）属于前期海德格尔所发展的"现象学方法"的三个基本环节之一，在《存在与时间》中呈现为"存在学历史的解构"。——译注

本运动中的当前必定就在这条道路上照面，而且，它必定是这样来照面的，即：通过这种照面，就从历史中产生出一个面对当前的持续问题——它（当前）本身在何种程度上忧虑于对彻底的基本经验可能性的居有以及对这些基本经验可能性的阐释？这样一来，对于一种彻底的本源逻辑（Ursprungslogik）的趋向以及各种存在学的开端便获得了一种原则性的批判性的澄清。于是，仅仅就从具体的解构实行中产生出来的批判并不是针对单纯的事实的（即我们处身于某个传统中这样一个事实），而是针对如何（Wie）的。我们没有源始地阐释并且表达出来的东西，是我们没有在本真的保真中所拥有的东西。正是实际生命（它同时也意指其中所含的实存可能性）应当被带入一种到其时机的保真之中；所以，如果说实际生命放弃了阐释的源始性，那么，它也就放弃了从根源上占有自身的可能性，而这就是说，它也放弃了存在（zu sein）的可能性。

着眼于实际性问题来看，今日处境之存在特征的各种决定性的构造性作用力量的缠绕交织状态，我们可以简称之为希腊的—基督教的生命阐释。其中甚至也应当包括由这种生命阐释所决定的、与这种生命阐释相关的反希腊和反基督教的阐释趋向。在此种阐释中设定的关于人和人类此在的理念，规定了康德的哲学人类学以及德国唯心论的哲学人类学。费希特、谢林和黑格尔从神学出发，并且也从中取得了他们的思辨的基本动力。这种神学植根于宗教改革的神学；而宗教改革的神学只是在很小程度上成功地对路德的新的基本宗教态度及其内在可能性作了一种真正的阐明。路德的这种基本态度本身又起于他源始地占有的保罗阐释和奥古斯丁阐释，以及他同时作的对后期经院神学（邓·司各特、奥康、加布里尔·比

369

尔、里密尼的格雷戈尔)[1]的一种争辩。

后期经院哲学关于上帝、三位一体、原始状态、罪恶和恩典的学说，使用的是托马斯·阿奎那和波那文图拉提供给神学的概念手段。而这就是说，在所有这些神学问题区域里从一开始就被设定起来的关于人和生命此在的理念，是建立在亚里士多德的"物理学"、"心理学"、"伦理学"和"存在学"基础上面的，亚里士多德的基本学说在此通过某种特定的选择和阐释而得到了加工处理。同时，奥古斯丁也一道起着决定性的作用；通过奥古斯丁起作用的是新柏拉图主义；通过新柏拉图主义，在一种比人们通常所假定的更大的程度上，又是亚里士多德发挥着决定性的影响。凡此种种联系，它们大致的文献史上的血统关系是为人所熟知的了。完全缺失的是一种真正的阐释，一种把基础完全奠定在我们上面所阐述的关于实际性的哲学基本难题之中的真正诠释。对中世纪的详细研究，从其主导方面来看，被牢牢地夹在一种新经院哲学的神学的模式和一种以新经院哲学方式形成的亚里士多德主义的框架内。当务之急是，从总体上把中世纪神学的科学结构，以及它的诠注和注解，理解为通过确定中介而获得的生命阐释。神学人类学必须回溯它的哲学上的基本经验和动因；只有参照这些基本经验和动因，我们才能理解那种改造（Umbildung）的影响力和方式，即一种以当时宗教的和教义学的基本态度为出发点的改造的影响力和方式。[2]对彼

---

[1] 加布里尔·比尔（Gabriel Biel, 1430—1495 年）：后期经院学者，德国奥卡姆主义神学家；里密尼的格雷戈尔（Gregor von Rimini, 1300—1358 年）：14 世纪重要思想家之一，奥古斯丁教团成员。——译注

[2] ［机打打字稿上的脚注：］中世纪的圣歌和音乐，以及中世纪的建筑和雕塑，只

得·伦巴德[①]的语录的注解工作主导着直到路德为止的神学的真正发展；但这种注解工作的阐释学结构本身不仅没有得到揭示，而且根本上，对之进行追问和探讨的可能性也还付诸阙如。光是这些东西，这些以这种方式并且以这种根据奥古斯丁、希龙尼穆斯[②]、大马士革的圣约翰[③④]的选择而被带入伦巴德之语录中的东西，对于中世纪人类学的发展来说就已经具有重要意义了。为了从根本上为这些改造找到一种尺度，我们必须获得一种对奥古斯丁人类学的诠释，这种诠释决不能仅仅以某种心理学和道德神学教科书为指导线索，从他的著作摘录一些关于心理学的命题。这样一种对奥古斯丁的诠释须根据其生命学说的存在学和逻辑学的基本结构来进行；这种诠释工作的中心，要从奥古斯丁有关贝拉基争论（pelagianischer Streit）[⑤]的著作以及他关于教会的学说出发来看待。在这里起作用

有基于一种对这个时代的哲学和神学人类学的源始的现象学的诠释，才能成为精神史上可理解的；这种人类学通过布道和学校传达出自身（在共同世界和周围世界的存在中）。只要这种人类学还没有明确地得到居有，则"哥特式的人"就还是一句空话。——编注

① 彼得·伦巴德（Petrus Lombardus，约1100—约1160年）：意大利罗马天主教神学家和主教，著有《四部语录》。——译注
② 希龙尼穆斯（Hieronymus，335—420年）：拉丁教父。——译注
③ 大马士革的圣约翰（Joh. Damascenus，约675—约749年）：基督教东方教会修士、希腊东正教神学家。生于大马士革。——译注
④ ［大马士革的圣约翰（Johannes von Damaskus，约675—约749年），他的《信仰阐述》（*Expositio fidei*）依靠彼得·伦巴德（Petrus Lombardus，1095/1100—1160年）的《四部语录》（*Sententiae*）（作于1150年前后），后世经常被称为《大马士革语录》（*Sententiae Damasceni*）。］——编注
⑤ 贝拉基（Pelagius，约360—约420年）：古代基督教神学家，认为人生来本无罪，始祖亚当犯罪与全人类无关，行善或作恶取决于个人自由意志，因其教义与奥古斯丁学说相对抗而遭正统教会贬责，其学说被称为"贝拉基主义"。著有《论三位一体》《论自由意志》等。——译注

的关于人和此在的理念指向希腊哲学,指向以希腊思想为基础的教父神学,指向保罗的人类学和约翰福音的人类学。

在现象学解构的任务联系中,重要的事情并不是仅仅形象地指明不同思潮和依赖关系,而是要在西方人类学历史的各个关键转折点上,通过向源泉的源始回溯,把核心的存在学和逻辑学结构显突出来。而只有当一种对亚里士多德哲学的具体诠释已经可以动用时,上面这项任务才能得到完成;这种对亚里士多德的具体诠释必须以实际性问题为定向,亦即必须以一种彻底的现象学人类学为定向。

根据我们所设定的实际性问题,亚里士多德只不过是过去哲学的完成和具体构形而已;但同时,亚里士多德在《物理学》中赢获了一个原则性的全新的基本开端,他的存在学和逻辑学就是从这个基本开端中发展出来的;而我们上面概括性地作了回顾描述的哲学人类学的历史,就贯穿了这种存在学和逻辑学。作为《物理学》的阐明课题的核心现象,成了在其运动存在之如何中的存在者。[⑥]

同时,亚里士多德的研究赖以传承下来的文献形态(即以课题阐明和探究为风格的论著),也为我们下面的诠释工作的确定的方法论意图提供了唯一合适的基础。只有从亚里士多德出发回溯过去,巴门尼德的存在学说才变得可确定了,才能被理解为决定了西方存在学和逻辑学的意义和命运的关键步骤。

旨在完成现象学解构任务的研究工作把后期经院哲学和路德早期神学当作目标。这个框架因而也就包含着一些极其困难的任务。因此,对历史的基本态度以及针对亚里士多德的视向已经由视

---

⑥ 此处"在其运动存在之如何中的存在者"原文为: das Seiende im Wie seines Bewegtseins。或可译为"在其运动方式中的存在者"。——译注

位(即实际性问题的开端和阐明)确定下来了。

每一种诠释都必须根据视位和视向来照明其课题对象。只有当我们成功地看到了这个课题对象,不是任意地,而是从它可通达的规定内容出发十分鲜明地看到了这个课题对象,并且因而成功地通过撤回照明(Überhellung)而回到一种尽可能与对象相适合的界定,这时候,这个课题对象才成为可规定的。一个始终仅仅半明半暗地被看到的对象,就只有在对一种照明的贯彻中,恰恰在其半明半暗的被给予性中才成为可把握的。但是,诠释在照明之际不可作过于广泛的追问,而且本身不可要求一种在一般历史认识意义上的幻想的客观性,就仿佛它在对付一种"自在"(Ansich)似的。仅仅一般地追问这种"自在",就意味着对历史的东西(das *Historische*)的对象特征的错误认识。而从这样一种"自在"的不可发现性而推出相对主义和怀疑的历史主义的结论,这仅仅意味着同一种错误认识的背面而已。下面对我们所诠释的文本的翻译,首要地对一些关键性的基本概念的翻译,乃形成于具体的诠释工作,而且同时概括地包含了这种诠释工作。我们提供的一些新创词语并非起于一种革新癖,而是源于文本的实事内容。

现在我们必须来说明一下由视位所决定的对亚里士多德的诠释工作的开端,并且以摘要方式概述一下我们的研究工作的第一部分。

我们的诠释工作的主导问题必定就是:人之存在,"在生命之中存在",[①]究竟被经验和被阐释为何种存在特征的何种对象性了?

[①] "在生命之中存在"原文为 im Leben Sein,英译本作"Being-in-life",参看英译本,第374页。——译注

373 对生命的阐释自始借以把人这个对象设定起来的那种此在（Dasein）的意义，究竟是何种意义？质言之，这种对象性到底处于何种存在之先行具有（Seinsvorhabe）中呢？进一步，这种人之存在是如何得到概念阐明的，这种阐明的现象基础是什么，哪些存在范畴作为如此这般被看到的东西的阐明意义（Explikate）① 产生出来？

最终把人之生命的存在特性刻划出来的存在意义，究竟是从一种纯粹的关于这个对象及其存在的基本经验中真正地被创造出来的呢，或者，人之生命被看作一个更广大的存在领域范围内的一个存在者，也就是说，人之存在服从于一种对它来说终极地被设定起来的存在意义？对亚里士多德来说，存在（Sein）究竟说的是什么，它如何是可通达、可把握和可规定的？给出源始的存在意义的对象领域，乃是那些被制作的、在交道中被使用的对象的领域。因此，源始的存在经验所指向的何所向（Worauf），并不是作为一种理论上实际地被把握的对象的事物的存在领域，而是在制作、料理和使用的交道中照面的世界。在制作（ποίησις）的交道运动中完成的东西，达到其对于一种使用趋向来说可动用的现成存在（Vorhandensein）的东西，就是存在着的东西。存在指的是*被制作存在*（Hergestelltsein），而且，作为被制作者，存在指的是与一种交道趋向相关的*意蕴之物*、*可动用的存在*。② 只要存在者是环视的对象，或者甚至是一种独立的观察性的把握的对象，那么，存在者就是根据其*外观*（εἶδος）③ 而被称呼的。这种观察性的把握是在称呼和

---

① 或可译为"阐明结果"。——译注
② 此处"意蕴之物"原文为 Bedeutsames，或译"有意义的东西"；"可动用的存在"原文为 Verfügbarsein，英译本作 Being-available，参看英译本，第 375 页。——译注
③ 又音译为"爱多斯"。——译注

谈论(λέγειν)①中得到阐明的。对象的被称呼的什么(λόγος[逻各斯])与对象的外观(εἶδος)在某种程度上是同一个东西。而这就是说,在λόγος[逻各斯]中被称呼的东西本身乃是真正的存在者。在其称呼对象中,λέγειν[言说、采集]使存在者在其合乎外观的存在状态(οὐσία)②中得以保存下来。不过,οὐσία[存在状态、本质]却具有一种源始的意义,原本指的是家室、地产、在周围世界可供使用的东西;这种源始意义在亚里士多德本人那里依然起着作用,而且此后也还是起着作用的。Οὐσία意味着具有(Habe)。在存在者身上作为其存在进入与交道相关的保真过程中的那个东西,也即把存在者刻划为具有的那个东西,乃是存在者的被制作存在。在制作中,交道对象达乎其外观。

交道对象的存在领域(ποιούμενον, πρᾶγμα, ἔργον κινήσεως)③以及交道的称呼方式(一个确定地被刻划出来的逻各斯,更确切地说,是在其被称呼方式中的交道对象),标画出一种先行具有,而存在学的基本结构以及关于"人之生命"这个对象的称呼方式和规定方式,就是从这种先行具有中被创造出来的。

存在学结构是如何形成的呢?作为一种称呼着、观察着的规定的阐明意义,亦即通过一种研究途径,这种研究把存在领域(一个通过一种基本经验而被带入确定的先行具有之中的存在领域)纳

---

① 希腊文动词λέγειν,日常含义为"言说",海德格尔译之为"称呼"(Ansprechen)和"谈论"(Besprechen),在后期思想中也经常把它解为"聚集、采集"。其相应的名词形式即λόγος[逻各斯]。——译注

② 在《存在与时间》中,海德格尔又把οὐσία(通译为Wesen,即"本质")译解为"在场"(Anwesen)和"在场状态"(Anwesenheit)。——译注

③ 此处三个希腊文ποιούμενον, πρᾶγμα, ἔργον κινήσεως可依次译为:被制作物、事物(Sache)、变化的作品(Werk)。——译注

入确定的方面,并且在其中把它联结起来。因此,这些研究——它们的对象是在运动存在的特征中被经验和意谓的,而在它们的什么(Was)中自始就一道给出了诸如运动之类的东西——必定能让我们获得通向亚里士多德存在学的本真动机源泉的可能通道。这样的研究就在亚里士多德的《物理学》中。这种研究在诠释方法上应当被当作完全的现象,并且应当根据它在研究性交道方式中的对象而得到诠释,也即要根据这个对象作为研究之开端而预先被给出的基本经验而得到诠释,根据研究之实行的构成性的运动状态以及对象之意谓和概念性联结的方式而得到诠释。这样,根据其存在特征来看,运动存在者(das Bewegtseiende)就变得显明了,而根据其范畴结构来看,运动就变得显明了,从而原初的存在意义的存在学机制也就变得显明可见了。但是,对于这种研究的现象学诠释工作来说,就要求一种对意义的理解,即对亚里士多德借以一般地把握研究以及研究之实行的那种意义的理解。研究乃是观察性交道(ἐπιστήμη)① 的一种方式。研究的确定起源在于照料着定向的交道中,而且,只有根据这种起源,研究在其交道方式方面才变得可以理解——这里所谓交道方式,就是研究对某物的"以何种方式"(αἴτιον)② 和"从何而来"(ἀρχή)③ 的追问方式。对研究之起源的洞察将由对[《形而上学》卷一第 1 章和第 2 章]④ 的先行诠释提供出

---

① 希腊文 ἐπιστήμη 通译为"知识",海德格尔在下文中译之为"观察着—谈论着—证明着的规定"。——译注
② 通译为"原因"。——译注
③ 通译为"本原、始基"。——译注
④ [缺失要插入打字稿"关于……的诠释"之后留下的空白中的文字;出处为编者所加。]——编注

来。观察着和规定着的理解（ἐπιστήμη［知识、科学］）只是存在者达到保真的一种方式：必然地和多半地是其所是的存在者。另一种可能的交道方式（在一种定向着、照料着和思索着的交道意义上）在于那个存在者方面，这个存在者也可能是不同于它刚刚所是的东西，是在交道本身中首先有待作成、处理或者制作的存在者。这种存在保真的方式乃是［τέχνη］[①]。[②] 亚里士多德把根据不同存在区域而各不相同的交道之揭示方式，即环视（Umsicht）、洞识（Einsicht）、观察（Hinsicht），诠释为从根本上提供出视野的纯粹觉悟（reines Vernehmen）的实行方式；亚里士多德是在一种源始的问题联系中进行这种诠释的，而且是根据它们可能的存在居有和保真的基本功能进行这种诠释的（《尼各马可伦理学》，卷六）。通过对这个部分的诠释，应当就能够预先赢获一个现象视域，研究和理论认识必须作为 οἷς ἀληθεύει ἡ ψυχή［灵魂把存在者作为无遮掩的存在者带入和纳入保真中］（《尼可马可伦理学》，1139b15）的方式而被置入这个现象视域之中。因此，我们的探究的第一部分就包括对以下著作的诠释：

一、《尼各马可伦理学》，卷六。

二、《形而上学》，卷一第 1 章和第 2 章。

三、《物理学》，卷一、卷二、卷三第 1—3 章。

---

① 希腊文 τέχνη 通译为"艺术、技艺"，海德格尔在下文把它译解为"料理着—制造着的操作"。——译注

② ［缺失要插入打字稿"乃是"之后留下的空白中的文字；希腊文术语为编者所加。］——编注

《尼各马可伦理学》卷六[①]

我们对这本著作的诠释先撇开特殊的伦理学难题[②]，而把"智性的德行"[③]理解为对真正的存在之保真（Seinsverwahrung）的实行可能性的占有方式。Σοφία（本真的、观察性的理解）[④] 和 φρόνησις（照顾的环视）[⑤]被诠释为 νοῦς ［奴斯、心灵、理性］的本真实行方式，即纯粹觉悟[⑥]本身的本真实行方式。在其中，向来合乎其觉悟特征的存在者成为可通达的，并且获得居有和保真。而这就是说：随着对这些现象的诠释，就给出了一种可能性，得以规定和界定这个总是在这些觉悟方式中得到保真的存在者，在其被觉悟

---

① ［见附录三之二：增补，本书第 401 页以下。］——编注
② ［手写附注：］古代观点的回响。——编注
③ 此处"智性的德行"原文为 dianoetische Tugenden。其中"智性的"（dianoetisch）联系于希腊文的 διανοία，意为"思想、理智、沉思"等。——译注
④ Σοφία 通译为"智慧"，海德格尔在此则以"本真的、观察性的理解"（eigentliches, hinsehendes Verstehen）译之，英译本作 authentic, observing understanding，参看英译本，第 377 页。——译注
⑤ φρόνησις 通译为"聪明、审慎"，海德格尔则译之为"照顾的环视"（fürsorgende Umsicht）。其中"环视"（Umsicht）在日常德文中也有"审慎、谨慎"之义，但海德格尔在此的用法更多是动词性的，即强调 Umsicht 与动词 umsehen（环顾、环视）的联系。英译本把"照顾的环视"译为 solicitous circumspection。参看英译本，第 377 页。——译注
⑥ 此处"觉悟"原文为 Vernehmen，在日常德语中意为"听闻、熟悉、审问"。英译本作 beholding，参看英译本，第 377 页。——译注

存在的方式中、并且因此在其真正的存在特征方面来规定和界定这个存在者。于是，这种对"德行"的诠释与所设定的存在学难题之间的联系就显而易见了。两种基本的觉悟方式之间原则性的现象上的结构差异，使得两个相应的不同存在区域变得显明了。Ἔστω δὴ οἷς ἀληθεύει ἡ ψυχὴ τῷ καταφάναι καὶ ἀποφάναι, πέντε τὸν ἀριθμόν· ταῦτα δ᾽ ἐστὶ τέχνη ἐπιστήμη φρόνησις σοφία νοῦς ὑπολήψει γὰρ καὶ δόξῃ ἐνδέχεται διαψεύδεσθαι.（《尼各马可伦理学》，1139b15-18）[①][②]"因此可以假定，灵魂把存在者作为无遮掩的存在者带入和纳入保真中（而且是以断定性的和否定性的阐明的实行方式）共有如下五种方式：料理着—制造着的操作、观察着—谈论着—证明着的规定、照顾的寻视（环视）、本真的—观看着的理解、纯粹的觉悟。（只有这些可以考虑）；因为在把……看作（Dafürnahme）和'具有一种观点'（eine Ansicht Haben）意义中包含着这样一点，即：它们未必把存在者作为无遮掩的存在者给出来，而是这样把存在者给出来，使得所意谓者只是看起来仿佛这样，使得所意谓者把自己推到存在者前面并且因此令人迷惑。"（参看《尼各马可伦理学》，1141a3）这里所谈论的"德行"乃是καθ᾽ ἃς

---

① 此句通译为："在灵魂由以或肯定或否定地获得真理的东西，一共有五个；它们是艺术、科学、聪明（Klugheit）、智慧（Weisheit）和理智（Verstand）。猜测和意见可能也包含谬误（因此在此不予考虑）"。参看亚里士多德：《尼各马可伦理学》，德译本，汉堡1985年，第133页。海德格尔在此做的译文大不相同，特别是他对τέχνη, ἐπιστήμη, φρόνησις, σοφία, νοῦς五个希腊词语的翻译，比较令人奇怪。——译注

② ［相反，据海德格尔的《尼各马可伦理学》藏书（苏塞米尔（Susemihl）编，莱比锡1882年）则作καταφάναι ἢ ἀποφάναι［或肯定或否定地获得］。海德格尔用"与"（καὶ）代替了"或者"（ἢ），这也显示在紧接着的译文中：断定性的与否定性的阐明之实行方式。］——编注

μάλιστα…ἀληθεύσει ἡ ψυχή[灵魂最多地把非遮蔽的存在者带入保真中]①(《尼各马可伦理学》,1139b12)的那些方式,与它们纯粹的实行特征相应,灵魂"多半"把向来先行给定的存在者当作非遮蔽的存在者给出来,使之进入源始的保真之中。这种对ἀληθές[无蔽的、真实的]—ἀλήθεια[无蔽、真理]②之意义的正确诠释在如下几个方面具有原则性的重要意义:首先,它有利于理解亚里士多德对上述现象的分析;其次,它有利于理解上述现象的现象差异以及由此给定的在存在之保真的实行中的不同构成功能;最后,它有利于我们把上述现象的特征理解为觉悟本身(νοῦς, νοεῖν)的基本活力的具体实行方式。类似地,只有对νοῦς[奴斯、心灵、觉悟]的现象学把握,才能够使这些现象之间的结构联系成为可理解的。

在对"真理"(Wahrheit)之意义的规定方面,人们通常把亚里士多德引为第一证人。人们说,在亚里士多德那里,"真理"乃是"在判断中出现"的某个东西,进一步讲,就是思维与对象的"符合一致"。同时,人们把这个真理概念理解为所谓认识的"反映理论"的基础。而实际上,无论是这个作为"符合一致"的真理概念,还是关于作为有效判断的λόγος[逻各斯]的通常理解,更不消说"反映理论"了,在亚里士多德那里都还是找不到任何蛛丝马迹的。在针对一种被误解了的"唯心论"的辩护中,人们甚至把亚里士多德搞成所谓的"批判的实在论"的认识论怪胎的主要证人,这就彻底地误解了从其来源上看明摆着的现象状况。

---

① 通译为:"灵魂最好地认识真理的方式"。——译注
② 希腊文形容词ἀληθές通译为"真实的、真的",海德格尔在此译解为"非遮蔽的、无蔽的";相应的名词ἀλήθεια通译为"真理",海氏译解为"无蔽"。——译注

ἀληθές[无蔽的、真实的]的意义：无蔽地在此—存在(da-sein)，或者说，寓于其自身的被意谓存在(vermeintsein)，绝不是从"判断"中通过阐明而获得的，因而也不是源始地定居于判断之中并且与判断相关的。Ἀληθεύειν[解蔽]①并不意味着"强行夺取真理"②，而是表示：把向来被意谓的、并且作为本身被意谓的存在者当作无遮掩的存在者真实地纳入保存之中。③④

αἴσθησις[觉知、感知]，即在感性之物的如何中的觉悟(Vernehmen)，并不只是通过那种从λόγος[逻各斯]而来对"真理概念"的转变(Übertragung)"也"被称为真实的，不如说，根据其本真的意向特征，它是在自身中源始地、并且"原初地"给出其意向上的何所向的东西。它的意义就是"给予一个作为无遮掩之物的对象之物"。因此，ἡ μὲν γὰρ αἴσθησις τῶν ἰδίων ἀεὶ ἀληθής[对特有

---

① 此处ἀληθεύειν[解蔽]是与ἀληθές[无蔽的]和ἀλήθεια[无蔽、真理]相应的希腊文动词。——译注

② [手写附注：]或者"说出真话、承认事实"(Wahrheit bekennen)([尤利乌斯]·瓦尔特([Julius]Walter)：[《希腊哲学中关于实践理性的学说》，耶拿：毛克，1874年]，第82页)。——编注

③ [问号(关于"纳入")与下方页边上的手写附注，带有分配符号：]而且，ἀληθεύειν[解蔽]与νοῦς[奴斯、心灵]一样，源始地(?)和本真地(?)并不具有"理论的"特征——相反(?)；参看διάνοια πρακτική[实践理智]一页，1139a26以下。[本书附录三之二，增补，第7节，第407—408页。]

然而！只有θεωρεῖν[考察、直观]或者"不理论的"区别于现代的"理论的"；这并不是由于νοῦς[奴斯、心灵]的"理论性"(现代的)，而是取决于理论的东西的νοῦς[奴斯、心灵]性质。

Ἀληθεύειν[解蔽]与κίνησις[运动]有着源始的意义关联(存在关联)，交道(Umgang)，而且因此，θεωρεῖν[考察、直观]乃是作为实际生命的存在的最高存在——运动；φρόνησις[聪明、审慎]。——编注

④ [段落结尾处的速记附注，有两个词不可辨认(见省略号)：]面临当[下]照面者(周围世界的)[……]——(关照着)。——编注

对象的感知始终是真实的]（《论灵魂》，卷三第 3 章，427b11；参看第 3 节）。[①] 这里很显然，鉴于所意谓的现象实情，"真理"——"真实的"这个表述就成为毫无意义的了。相反地，"谬误"（ψεῦδος, ψευδές）只出现在"综合"中：τὸ γὰρ ψεῦδες ἐν συνθέσει ἀεί[因为谬误始终在综合中]（《论灵魂》，卷三第 6 章，430b）。作为其可能性条件，谬误预设了对象意指活动的另一种意向结构；也就是说，谬误是以一种在另一个被意谓存在的"角度"（Hinsicht）对存在者的接近为前提的。在存在者不是质朴地于自身中被意指，而是作为这个那个东西、亦即在某种"作为"特征（"Als"-Charakter）中被意指的地方，觉悟就在共同接纳和一道接纳（Zusammen- und Mitnehmen）的方式中发生。只要觉悟作为感性行为是以把它的对象"称呼为……"（Ansprechens-als）和"谈论为……"（Besprechens-als）的方式（在 λέγειν[言说、采集]中）实行的，那么，对象在此就有可能作为并非它所是的东西给出自身。但根本上，在"作为"（Als）中对对象的意谓趋向对于 ψεῦδος[谬误]的可能性来说是奠基性的；【ὅτι μὲν γὰρ λευκόν, οὐ ψεύδεται, εἰ δὲ τοῦτο τὸ λευκὸν ἢ ἄλλο τι, ψεύδεται[因为对于某物是白的，感知不会弄错；而对于这个白的东西是此物还是它物，感知是会出错的]（《论灵魂》，卷三第 3 章，428b20）。(ἡ αἴσθησις) διανοεῖσθαι δ' ἐνδέχεται καὶ ψευδῶς καὶ οὐδενὶ ὑπάρχει ᾧ μὴ καὶ λόγος[（感知）也归于所有动物，思考也可能是错误的，而且只归于具有逻各斯的动物]（同上，427b13）】——唯有以根据一种"作为"（Als）的被称呼存在的

[①] [左手页边上的手写附注：]存在特征。——编注

方式而被觉悟的东西，才能够对这样一种"作为对之起迷惑作用的东西"的称呼而给出自身。按其意义来看，称呼之 λόγος [逻各斯]的"真实存在"，只有通过 ψεῦδος [谬误]的弯路才能够构造起来。①这个 λόγος [逻各斯]本身必须在其本己的意向特征中被看待：它是 ἀπόφανσις [言谈]，即意指着的、从对象而来并且从对象中获取的（ἀπό [从……而来]）对这个对象的称呼和谈论。相应地，我们也要这样来看待 ἀποφαίνεσθαι [显现]：让对象为自己（媒介）并且从其自身而来"显现"（erscheinen）为它自身。对于 φαντασία [现象]的诠释，这一点将是重要的。

λέγειν [言说、采集]给出寓于其自身的存在者；现在这就是说，它在存在者无遮掩的"作为什么"（Als-Was）中给出存在者，只要有一个"什么"（Was）突现出来，不是作为一个迷惑性的"什么"，而是仅仅作为如此这般发送出来的"什么"。唯根据 ἀληθές [真实的、无蔽的]的一种并非源始地与 λόγος [逻各斯]相关的含义，作为自身遮掩的 ψεῦδος [谬误]才具有意义：δόξα ψευδής ἐγίνετο, ὅτε λάθοι μεταπεσὸν τὸ πρᾶγμα [如果事物不知不觉地改变了，那么，通常就只会产生错误的观念]（《论灵魂》，卷三第 3 章，428b8）。在这里，保持被遮蔽（*Verborgenbleiben*）、被遮掩存在（*Verhülltsein*）被明确地确定为对 ψεῦδος [谬误]的意义以及"真理"的意义具有规定作用的东西。亚里士多德把被遮蔽存在视为某种本身积极的东西，而且并非偶然地，"真理"的意义对希腊人来说具有阙失特

---

① [上方页边上的速记句子：]λόγος [逻各斯]并非凭其自身以及按其源始的结构来看与 αἴσθησις [觉知、感知]一样真实的，而不如说，其存在恰恰就是能够成为真的或者假的。——编注

征——这是合乎其意义的,而不仅仅是在语法上讲的。[①] 在其可能的"作为什么之规定性"(Als-Was-Bestimmtheiten)中的存在者并不是简单地在此存在;它是一种"任务"(Aufgabe)。而且,在其无遮掩存在之如何中的存在者,即 ὂν ὡς ἀληθές,必须[②] 被纳入保存之中以免可能的丧失。这就是 ἕξεις, αἷς ἀληθεύει ἡ ψυχή [灵魂把存在者作为无遮掩的存在者带入保真中的方式]的意义;其中最高的本真种类就是 σοφία [本真的、观察性的理解]和 φρόνησις [照顾的环视],只要它们向来在各自的存在区域中把 ἀρχαί [本原、始基]真实地保存下来。ὂν ὡς ἀληθές [真实存在者]并不是本真的存在和存在区域,或者"真实判断"的有效领域,而是在其无遮掩的此在(Dasein)之如何(ὡς)中的存在者本身。[③] 它就是在作为 νοητόν [觉悟]的 ἐν διανοίᾳ [理智](ἐν τῇ ψυχῇ)[④],在"理智"[⑤] 中,作为其(臆想着的[⑥])觉悟的何所向。这种对 ἀληθές [真实的、无蔽的]和 ἀληθεύειν [解蔽]的诠释(它消除了一系列仅仅人为做作的阐释困难),我们将通过对亚里士多德的一些文本的深入的现象学分析来加以具体的证明,这些文本就是:《形而上学》卷五第 4 章,《论灵魂》卷三第 5 章以下,《解释篇》,《形而上学》卷四第 29 章,特别

---

① 希腊文"真理"(ἀλήθεια)一词由否定性(阙失性)前缀 ἀ- 与词根 λήθεια 组成。——译注

② [下方页边上的手写附注,带有分配符号:]在保真中具有是一种存在方式(或者说它本真地被阐释为一种置造方式)。"真理"——无遮掩者的被保真存在(状态)[速记补遗无法辨认。]——编注

③ [句末对前面文字的手写补充:]而是在其未遮掩的被臆想存在(Vermeintsein)之如何(ὡς)中的存在者本身。——编注

④ [手写插入。]——编注

⑤ [手写附注:]通往——纯粹在其存在中——ψυχή [灵魂]。——编注

⑥ [手写插入。]——编注

是《形而上学》卷八第 10 章。

λόγος[逻各斯], λέγειν[言说、采集], 是 νοεῖν[觉悟、思想][①] 的这种[②]实行方式, 并且本身就是一种 διανοεῖσθαι, 一种分解性的觉悟: 一种 διαίρεσις[分解]; ἐνδέχεται δὲ καὶ διαίρεσιν φάναι πάντα[但人们也可能把一切都视为分解](《论灵魂》, 卷三第 6 章, 430b3)。称呼和谈论, 以综合规定的方式, 也可以被称呼为分解、阐明。

νοεῖν[觉悟、思想]具有觉悟的基本特征。νοῦς[奴斯、心灵]乃是地地道道的觉悟[③], 这就是说, 它是一般地使某种定向的"与……的交道"的何所向成为可能、并且预先确定这种何所向的东西。它是 τῷ πάντα ποιεῖν, ὡς ἕξις τις, οἷον τὸ φῶς[它作为一种力量作成一切, 就像光](《论灵魂》, 卷三第 5 章, 430a15)。觉悟作为一种对一切的支配能力把一切置放出来, 而且就像光一样来置放。[④] 根本上, νοῦς[奴斯、心灵]给出视野, 给出一个某物, 给出一个"此"(Da)。νοῦς[奴斯、心灵]作为在其具体实行中的 ἴδιον τοῦ ἀνθρώπου[人的特性]而存在, 作为 ἐνέργεια[实现]——作为运作(它自己的运作)——而存在, 这就意味着给出视野, 总是以具体的交道方式, 在一种定向、制作、处理、规定中给出视野。只要 νοῦς[奴斯、心灵]为交道本身给出其视野, 它也就能够被刻划

---

① [手写附注:]而且并非与 αἴσθησις[觉知、感知]无关。——编注
② [手写附注:]在规定 ψυχή[灵魂]的"存在性质"(Seinshaftigkeit)中"有动因的"!!(证明?)——编注
③ [手写附注:]在其存在中完全地, 而且——走向(Zugehen)——完全寓于其自身。——编注
④ 此句实为海德格尔对前引的亚里士多德句子的译解。——译注

为交道之揭示,而后者却具有存在之保真的意义。νοῦς[奴斯、心灵]的真正对象性之物乃是它(作为 ἄνευ λόγου[没有逻各斯])在没有根据其"作为什么之规定性"(οὐ τὶ κατά τινος,同上,430b28以下;参看《形而上学》卷四第 4 章①)② 称呼③ 某物的方式的情况下觉悟到的东西:这个 ἀδιαίρετα[不可分解的东西],是在其本身中不可分解、不再能阐明的东西。④ 作为这样一种东西,它给出对象性之物,纯粹作为这样一种在其无遮掩的什么中的对象性之物,而且作为这样一种东西,它(νοῦς[奴斯、心灵])是"仅仅真实的"(nur wahr): ἡ μὲν οὖν τῶν ἀδιαιρέτων νόησις ἐν τούτοις, περὶ ἃ οὐκ ἔστι τὸ ψεῦδος[对完全概念的思考属于无谬误的领域](同上,430a26)。这里所谓"仅仅"意思是说:在假在的可能性方面"根本尚未",而绝不是在这种可能性方面"不再"。νοῦς[奴斯、心灵]为每一种具体的谈论⑤ 给出其可能的何所关(Worüber),后者自身归根到底绝不能首先在谈论本身中成为可通达的,而只能在 ἐπαγωγή("归纳")中才成为可通达的——不过,这是在纯粹词面理解上讲的,不是在一种聚集性的经验概括意义上讲的,而是作为一种质朴而直接的"引导……"(Hinführen zu...)、"让人看见……"

---

① [对《形而上学》卷四第 4 章指引,手写附注。]——编注
② 此处希腊文通译为:"没有关于某物陈述什么"。——译注
③ [手写附注:](不是作为 νοῦς ψυχῦς[灵魂的奴斯])。
[下方页边上的手写附注(破折号后面速记补充的句子未能辨认):]灵魂的 νοῦς [奴斯]——[……]——编注
④ [手写附注:]更好地:不是在 διά[通过]中可通达的——可保存的! 在 διά[通过]中不可保存的。——编注
⑤ [手写附注,有一个词不可辨认(见省略号):]([……本原]其实依然在 διά[通过]的结构中,但这恰恰完美地)。——编注

(Sehenlassen von...)。νοῦς[奴斯、心灵]是 αἴσθησίς τις，即一种觉悟，它总是质朴地预先给出对象之外观：ὁ νοῦς εἶδος εἰδῶν καὶ ἡ αἴσθησις εἶδος αἰσθητῶν[心灵是(思想)形式的形式，感知是可感知事物的形式](同上，432a2)。正如手是 ὄργανόν ἐστιν ὀργάνων[工具的工具](同上)，也就是说，正如手上的一件工具(Werkzeug)首先是在生产活动(Werk-Zeugen)中获得其本真存在的，同样地，对象的外观也只有通过 νοῦς[奴斯、心灵]、并且"在"νοῦς"之中"才能作为它的何所向进入视野中，才能显出外观。只要一个对象区域本身面临着一个任务，要明确地成为可通达的(而且这不仅是在理论规定的意义上)，那么，λέγειν[言说、采集]的"来源"(ἀρχή[本原、始基])自始就必须是一个可支配的无遮掩的东西。在观看 ἀρχή[本原、始基]之际，λέγειν[言说、采集]从 ἀρχή[本原、始基]①中取得了它的起点，而且它把这个起点当作持续的基本定向保持在"眼界内"。作为无遮掩的东西，这些 ἀρχαί[本原、始基]明确地被保真于 ἐπαγωγή· τῶν ἀρχῶν ἐπαγωγή[引导：对本原的引导]中(《尼各马可伦理学》，1139b31)；② λείπεται νοῦν εἶναι τῶν ἀρχῶν

---

① ［下方页边上的手写附注，带有分配符号：］
Ἀρχή[本原、始基]——觉知着的规定的由何而来；
ἀρχή[本原、始基]是原初自明的。
相反：ἀρχή[本原、始基]探究必须把规定——存在者之具有——带回到那里；这里有真正的研究(Aufgriff)的任务和关键点！
把出发点理解为意向性——由之出发并且为行进而拥有之；行进乃是规定之行进；行进作为一直注视的行进，也即出发(Ausgang)。——编注

② 此句可译为"归纳：对本原的归纳"。其中 ἐπαγωγή 通译为"归纳"，但海德格尔在上文中把它解为"引导"(Hinführen)。——译注

[只还剩下心灵对本原的探讨]（《尼各马可伦理学》，1141a7）；在 ἀρχαί[本原、始基]（与各个存在区域相应的 ἀρχαί）的这种"获得保真"中，包含着 νοῦς[奴斯、心灵]的最高的和本真的成就，那就是：μάλιστα ἀληθεύει[最多地把非遮蔽的存在者带入保真中]；[①] 而这样一种本真的存在保真的具体实行方式就是 σοφία[本真的—观看着的理解]和 φρόνησις[照顾的环视]。

纯粹观察性的理解把这样一个存在者带入保真之中，这个存在者及其"来源"是这样存在的，即：它必然地始终是其所是。与之相反，有所照顾和有所谈论的环视则把这样一个存在者带入保真之中，这个存在者本身及其"来源"可能不同地存在。

两种保真方式 μετὰ λόγου[根据逻各斯]而到其时机，在谈论着的阐明的实行特征中到其时机。这一点对它们来说是构成性的，因为它们把 ἀρχαί[本原、始基]收入视界，不是作为自为孤立的东西，而是作为本身，亦即在它们最本己的意义上作为为……的 ἀρχαί[本原、始基]。何所为（Wofür）作为这些 ἀρχαί[本原、始基]的有待规定的何所为一道进入保真之中。Λόγος[逻各斯]乃是一种 ὀρθὸς λόγος[正确的逻各斯]。谈论是在一种源始地保持下来的方向采取（Richtungnahme）中的谈论；它向来具有它固定的"终端"（Ende）；与当下保真方式的意义相应，这个"终端"对于保真方式的揭示性阐明来说是至关重要的。Φρόνησις[照顾的环视]把人类生命与自身的交道的何所向以及这种在本己存在中的交道的如何（Wie）带入保真之中。这种交道乃是 πρᾶξις[行动、实践]，即：在

---

① 也可直译为"最多地解蔽"。——译注

并非制作性的、而是向来仅仅行动性的(handelnd)交道的如何中对自身的处理(Behandeln)。Φρόνησις[照顾的环视]乃是一种交道之揭示(Umgangserhellung),它使生命在其存在中共同到时。

  这种具体的诠释工作①表明,这个存在者即καιρός[瞬间、契机]是如何在 φρόνησις[照顾的环视]中构造起来的。行动着的和照顾的处理始终是一种在与世界的有所照料的交道之如何中的具体处理。Φρόνησις[照顾的环视]使处理者的情境成为可通达的:在对 οὗ ἕνεκα(即为何之故)的确定中、在对恰好确定的何所往(Wozu)的提供中、在对"现在"(Jetzt)的把握以及对如何(Wie)的预先勾勒中。Φρόνησις[照顾的环视]朝向 ἔσχατον,即极端,在其中,确定地被看见的具体处境总是变得尖锐化了。Φρόνησις[照顾的环视]作为一种谈论的、照顾的和思虑的 φρόνησις 之所以是可能的,只是因为它原初地是一种 αἴσθησις[感知、认识],一种说到底质朴的对瞬间的综观。②Πρακτόν[行动者],作为在 φρόνησις[照顾的环视]之 ἀληθεύειν[解蔽、揭示]中成为无遮掩和可支配的存在者,乃是某个作为尚未这样那样的存在而存在的东西。作为"尚未这样那样"而且作为一种照料的何所向,它同时已经是这样那样,作为一种具体的交道之准备状态的何所向(这种交道之准备状态的构成性揭示是由 φρόνησις[照顾的环视]决定的)。"尚未"和"已经"必须在它们的"统一性"中来理解,也就是说,必须从一种源始的被

---

① [行上面的手写附注:](参看 Mss.V,第48—162页。)[这份打印稿未得到鉴别]。——编注

② 此处"瞬间"(Augenblick)显然与前述的 καιρός 相联系。英译本把德文的 Augenblick 译为 the moment-of-insight。参看英译本,第381页。——译注

给予性出发来理解,对这种给予性来说,"尚未"和"已经"乃是确定的阐明意义。之所以是确定的,是因为凭着这两者,对象性的东西已经被置入一个决定性的运动方面。Στέρησις[剥夺、否定]① 概念是关于上述阐明意义的范畴。黑格尔的辩证法在这个范畴中有其精神史的根源。

ἀλήθεια πρακτική[行动的真理、实践的真理]无非就是实际生命(在其与自身的决定性的交道之准备状态的如何中的实际生命)的总是无遮掩的完全瞬间(Augenblick),而且是在一种与恰好照面的世界的实际的照料关联(Besorgensbezug)范围内。Φρόνησις[照顾的环视]乃是指令性的(*epitaktisch*),它在具有人们必须照料的东西的特征中给出存在者,它在这个角度带来、并且保持着每一个瞬间之规定性(即当下的如何、何所往、在何种程度上以及为何之故)。作为指令性的揭示,它把交道带入"为……的准备"、"向……的爆发"的基本态度中。在此所意谓的何所向、瞬间的存在者,处于"对于……的意蕴"、可照料性、现在必须办理的东西的角度中。Φρόνησις[照顾的环视]是一种κατὰ τὸ συμφέρον πρὸς τὸ τέλος[为目的服务]的观察(《尼各马可伦理学》,1142b32)②。由于它是完全瞬间的保真方式,所以环视就在本真意义上把行动的为何之故(Weswegen)、它的ἀρχαί[本原、始基]保持在真正的保真之中。ἀρχή[本原、始基]始终仅仅在与瞬间的具体关涉状态中才成其所是;它在被看见存在和被把握存在中在此存在,在瞬间中并且为瞬

---

① 相应的德译文为 Privation。——译注
② [据海德格尔的《尼各马可伦理学》藏书(苏塞米尔(Susemihl)编,莱比锡1882年)作 πρός τι τέλος,但在资料中却用了异文 πρὸς τὸ τέλος。]——编注

间而在此存在。

同时，这种诠释工作还将具体地刻划出亚里士多德阐明 φρόνησις[照顾的环视]现象的方法：以描述性比较和分离，而且是根据与……的关涉存在、关联的何所向、实行的如何等不同的现象角度。这种描述始终是在对不同 ἕξεις[方式、行为]的同时对照中进行的。对于这一点特别富有启发性的是亚里士多德对 εὐβουλία[理性、聪明]的分析，即对内在于 φρόνησις[照顾的环视]的 λέγειν[言说、采集]的具体实行方式的分析。它把适当的、并且真正达到目标的运作之如何从瞬间本身带入环视的观看中。

然而，不光光是存在者及其存在特征（它由 φρόνησις[照顾的环视]带入保真之中）通过这种诠释得到了突现；同时，这种诠释也赢获了一种对 φρόνησις[照顾的环视]凭其本身所具有的存在特征的初步理解。Φρόνησις[照顾的环视]是一种 ἕξις[方式、行为]，一种支配存在之保真的方式。但作为 ἕξις[方式、行为]，它却是一个 γινόμενον τῆς ψυχῆς[灵魂的事件]，后者在生命本身中作为生命本己的可能性而到其时机，并且把生命带入一种特定的状态（Stand）之中——以某种方式使生命得到实现（zu-Stande-bringen）。因此，在 φρόνησις[照顾的环视]中，恰恰显示出一种角度的双重化，那就是人和生命存在被置入其中的角度，它对于实际性之存在意义的范畴阐明的精神史命运来说成为决定性的。在环视中，生命在一种交道之何所交的具体如何（Wie）中在此存在（dasein）。但这种何所交的存在——而且这是决定性的——并非从中以一种肯定方式在存在学上得到刻划的，而只是在形式上被刻划为这样一个东西，"后者也可能不同地存在"，"未必始终如其所是地存在"。这种存在学特征乃是在对其他存在和本真存在的否定性反握（Gegenhalt）中得到实行的。就其本身来说并且根据其基本特征，这种存在并不是从人类生命存在本身中通过阐明获得的；而不如说，从其范畴结构来看，它起于一种确定地实行的对运动存在者之理念的存在学彻底化①。② 对于这个存在者本身以及关于其意义结构的可能突现而言，制作（Herstellen）运动作为范例被带入先行具有之中。存在是完成了的存在（Fertigsein），③ 在这种存在中，运动已经达到其终点。生命之存在被视为在其本身中进行的运动，而且，当人类生命在其最本己的运动可能性（即纯粹觉悟的运动可能性）方面已经达到其终点时，生命之存在才处于这种运动中。这种运动在作为 σοφία[本真的、观察性的理解]的 ἕξις[方式、行为]中存在。纯粹理解绝不是按其意向特征把在其实际存在之如何中的人类生命带入保真之中；σοφία[本真的、观察性的理解]根本就没有把生命当作它的意向性的何所向。生命其实就是一个存在者，它之所以成其所是，恰恰是因为它能向来不同地存在。由于那种对 σοφία[本真的、观察性的理解]来说可支配的本真运动，生命之存在就必定仅仅在 σοφία[本真的、观察性的理解]本身的纯粹到时过程中被观看。首先，νοῦς[奴斯、心灵]作为纯粹觉悟，当它已经放弃了任何有所定向的照料、并且一味进行觉悟时，它才在其真正的运动中存在；其

---

① [手写附注：]而且是 φύσει ὄν[自然存在者]的——始终自发地置造出来的。——编注
② 此处"运动存在者"原文为 Bewegtseienden，或可译"受动存在者"。——译注
③ 此处"完成了的存在"原文为 Fertigsein，意指"置造／制作"（Herstellen）领域的优先性。——译注

次，作为这样一种觉悟，它是这样一种运动，这种运动不仅不会终止，而是恰恰首先作为已经达到终点的东西才成为运动；只要这种运动看见了纯粹可觉悟的东西，那它就达到终点了。

每一种运动——作为 βάδισις εἰς，即"在通向……途中"——按其意义来看都是一种尚未达到，即尚未达到其何所向；它恰恰作为一种"走向……"（Zugehen darauf）而存在：学习、行走、房屋建造；从其存在特征上看，"正在行走"原则上是不同于"已经走过"（Gegangensein）的：ἕτερον καὶ κινεῖ καὶ κεκίνηκεν["人活动"与"人已经活动过了"是不同的]（《形而上学》，卷九第 6 章，1048b32）。与之相反，已经看见与看见是同时的；他已经看见，已经望得见，只是由于他现在正在看；他恰恰在觉悟中已经觉悟到了；νοεῖ καὶ νενόηκεν（同上）。这样一种运动乃是在作为到时之保真的保真之到时中的存在（ἅμα τὸ αὐτό）（同上 b33；参看《形而上学》卷八第 6 章）。只有作为纯粹 θεωρεῖν［考察、直观］的 νόησις［觉悟］才能够满足纯粹运动的最高理念。人的本真存在是在 σοφία［本真的、观察性的理解］的纯粹实行中到其时机的，也就是说，是在无忧虑的、具有时间的（σχολή）、纯粹觉悟的寓于始终存在者之 ἀρχαί［本原、始基］的逗留中到其时机的。ἕξις［方式、行为］的存在特征以及 ἀρετή［美德］的存在特征，亦即人之存在的存在学结构，根据有关在一种确定运动之如何中的存在者的存在学以及对这种运动的理念的存在学彻底化而变得可理解了。

《形而上学》卷一第 1 章和第 2 章

鉴于主导性的实际性问题，我们对这两章的诠释工作将端出如下三重东西：

其一，根据其意向性的何所向和关联，那种决定着观察者、为何之故联系的交道的现象结构（ἐπιστήμη[观察着—谈论着—证明着的规定]）；这种交道的至高可能的到时过程的现象结构、把 ἀρχαί[本原、始基]带入保真之中的观察性的本真理解（σοφία）的现象结构。由此出发，具体的 ἀρχή[本原、始基]研究（《物理学》必须被理解为这种研究）自始就变得明晰了，而且是根据基于纯粹理解的理念为研究预先确定下来的对象划界（一种按照特殊的批判性奠基的开端进行的对象划界）并且根据范畴阐明的方法而变得明晰的。

其二，亚里士多德一般地借以获得通向纯粹理解之现象的通道的途径，以及对这种现象的阐释的方式；两者对于"哲学"的基本意义来说是特征性的。

其三，σοφία[本真的、观察性的理解]本身的存在特征以及 σοφία 对于人类生命存在的组建作用。

考察工作的这三个方面本身是共属一体的，而且，纯粹理解的结构恰恰只有根据它在实际生命之存在中的植根性以及它在实际生命中的起源方式才能够得到理解。因此，诠释工作的真正分量就在于对上述第二点所讲的东西的指明。

我们要问：被亚里士多德刻划为研究的那个东西，就其出发点来说是如何存在的？它要在哪里被发现，作为什么被发现呢？亚里士多德如何接近之并且如何对待之？亚里士多德从实际生命中，从实际生命本己的交道性言说中，取得了关于 σοφώτερον——比……更能理解——的谈论；也就是说，亚里士多德遵循的是生命借以对它本己的交道方式 ἐμπειρία[经验、认识]、τέχνη[料理着—制造着的操作]作出阐释的那些实际的"看作方式"，① 诸如：οἰόμεθα[我们相信]，ὑπολαμβάνομεν[我们觉得]，νομίζομεν[我们认为]，ἡγούμεθα[我们以为]。他是从一种比较的表达着手的。在这个表达中可以明见，当生命把某物称呼为 σοφώτερον[比……更能理解]② 时对它来说重要的是什么：重要的是 μᾶλλον εἰδέναι，也即观察的丰富性。③ 实际生命操心的是，把它的交道（恰恰也源始地包括定向和制作的交道）构成为这样一种交道，这种交道对它自身来说（作为总是预先被给予的交道）总是具有一种观察的丰富性。在这种观察的丰富性中，交道之何所交的"外观"（Aussehen）变得显而易见，而且并不是作为理论规定的对象，而是作为有所定向的照料的何所向。这个"外观"（比如一种疾病的"外观"）具有对于交道

---

① 此处"看作方式"原文为 Dafürnahmen，或译为"把……看作……"。英译本作 taking-something-for。参看英译本，第 385 页。——译注

② 希腊文形容词比较级，也可按通常方式译解为：更理智、更智慧。——译注

③ 此处"观察的丰富性"原文为 das Mehr an Hinsehen，或可译为"观察得更多"。——译注

性料理的照料(ἰατρεύειν,"医治")而言的为何之故的特征(αἴτιον[原因、基础])。这个为何之故具有一种源始的"实践"意义。

在其对观察丰富性的趋向中,实际生命得以放弃料理之关照。料理着的交道的何所交变成单纯观察的何所向。外观是根据其规定着对象本身之什么的为何之故关系(Warumbeziehung)而被看待和阐明的。关照趋向把自身置入观察本身中。这种观察成为一种独立的交道,并且本身成为一种独特的照料(Besorgnis)的何所向。

在对观察之丰富性的意义(即实际生命本身预先确定的意义)的阐释中,包含着对 μάλιστα εἰδέναι[观察的丰富性]的指示(Direktion)。亚里士多德与在其自己的阐释方向中的实际生命同行;再者,他又从实际生命本身中获得了那些看作方式,在其中,一种人的存在被称呼为 σοφόν,被称呼为真正理解者。对这些称呼方式的阐释得出了 σοφία[本真的、观察性的理解]的一致意义:真正理解者操心于那些终极角度,即存在者本身在其中被带向可能规定的那些终极角度。这些角度以最初的"从何而来"(Vonwoaus)为它们的何所向;着眼于这种"从何而来",存在者如果要在研究的具体的规定性称呼和谈论中被带入适当的保真之中,就必须自始就已经得到了揭示。亚里士多德因此通过对一种实际的关照运动(根据其终极趋向)的阐释而获得了"哲学"的意义。但是,这种纯粹观察性的交道却表明自身是这样一种交道,它在其何所向中恰恰不再同时看到它在其中存在的生命本身。而只要这种交道作为纯粹的理解使生命到其时机,那它就是通过其运动本身使生命到其时机的。

纯粹的理解由于摆脱了料理性交道的照料而有了它具体的实行可能性;这种实行可能性就是生命从其基本倾向之一的角度获得

一种逗留的方式。θεωρεῖν［考察、直观］乃是生命所具有的最纯粹的运动。因此它就是某种"神性的东西"。不过，对亚里士多德来说，神性观念并非形成于对某个在基本宗教经验中获得的对象性之物的阐明；而毋宁说，θεῖον［神性、神性之物］乃是一个表示最高存在特征的术语，而最高存在特征是在对受动存在者的理念（Idee des Bewegtseienden）的存在学彻底化中得出来的。θεῖον［神性、神性之物］之所以是νόησις νοήσεως［觉悟中的觉悟］，只是因为这样一种觉悟在其存在特征（也即其运动）方面最纯粹地满足了受动存在本身的理念（Idee des Bewegtseins）。这个存在者必定是纯粹的觉悟，也就是说，它摆脱了与其何所向的任何情绪性关联。"神性之物"不可能是忌妒的，这并不是因为它是绝对的善和爱，而是因为它在其存在中作为纯粹的运动根本就既不能恨也不能爱。

但这就意味着：决定性的存在之先行具有，运动中的存在者，以及对这个存在者的确定的存在学阐明，乃是那些存在学基本结构的动机来源，这些存在学基本结构后来决定性地规定着：特殊基督教意义上的神性存在（actus purus［纯粹行为］）；内在神性的生命（三位一体）；此外因此还有上帝与人的存在关系，以及人本身特有的存在意义。基督教神学和受其影响的哲学"思辨"以及始终在这样一些联系中共生共长的人类学，都以那些借得的、与其本己的存在区域格格不入的范畴在说话。

尽管如此，在基督教生活世界范围内，正是亚里士多德关于灵魂的存在学促使了一种深远而丰富的关于生命存在的阐释的成熟；这乃是因为，凭着运动角度并且恰恰通过运动角度，决定性的意向性现象特征才获得了考察，并且由此固定了一个确定的考察方向。

《物理学》卷一、卷二、卷三第1—3章

在亚里士多德的以《物理学》为标题流传下来的研究中，运动现象得到了存在学范畴上的阐明。根据这种研究本身的现象运动，我们的诠释工作必须表明：在这种研究中起作用的基本经验，亦即对象之预先确定的方式（θεωρεῖν［考察、直观］），还有，这个对象性之物被置入其中的那些角度，以及在这样一种观察性分析中形成的阐明意义。

这种研究在特性上被刻划为κίνησις［运动］研究；它必须把"从何而来"（ἀρχή）［本原、始基］带入保真之中，κινούμενον［运动之物］是从这些"从何而来"出发被看见的。但是，只要这些ἀρχαί［本原、始基］应能达到与它们的意义相应的作用，则它们本身就必须从对象性之物的现象内涵中被提取出来。对于照料着有所定向的交道及其环视来说，存在者的ἀρχαί［本原、始基］并不在此存在；照料（Besorgnis）存活于其他角度，存活于那些以首先照面的交道世界为指向的角度中。在实际生命有所照料的交道的视野内，存在者本身的"从何而来"是遮蔽着的。"真理概念"的源始地起作用的意义显示在《物理学》卷一第1章中，一般说来，显示于作为研究的物理学的问题开端中。

ἀρχή［本原、始基］研究乃是*通道之研究*（*Zugangsforschung*）。

作为这样一种研究,它首先必须确保它的先行具有,也就是说,它必须洞察到在其实事状态的基本现象特征之如何中的课题对象域。其次,它必须造就它的先行把握(*Vorgriff*),这就是说,它必须准备好那些角度,即对存在区域的阐明之实行得以在其中发生的那些角度。研究的开端乃是批判,而且是原则性的批判。诠释工作要弄清楚,为什么这样一种通道研究必须要采取一个批判性的开端:所有研究都活动在预先给定的生命之被阐释状态和预先给定的世界之谈论方式的某个特定层面上。在本己的实际性中起作用的是"古代物理学"观看、称呼和谈论"自然"的方式。

因此,这种追问过去的 ἀρχή[本原、始基]研究的批判性问题就将是:它是不是已经把作为 κινούμενον[运动之物]被意向的存在者如此这般地带入先行具有之中,以至于这个存在者决定性的现象上的实事特征(即从前的研究总是以某种方式用自己的称呼方式所意谓的实事特征)——也就是运动——得到了保真和源始的阐明?或者,传统研究通达成问题的存在领域的方式自始就已经活动于那些"理论"和原则性命题中,后者不仅不是从存在领域中取得的,而是恰恰阻挡了向存在领域的通达?

在上述问题中包含着亚里士多德的批判性态度的意义。亚里士多德的批判在别具一格的意义上是积极的,而且明确地立足于一种决定性的基本经验:"我们自始就假定(ἡμῖν ὑποκείσθω)有存在者在运动"。在这样一种如何中的这个存在者是在 ἐπαγωγή[归纳、引导]中径直可以通达的。《物理学》第一卷显示出一个十分严密的结构,而且批判的第一个层面,即对爱利亚学派的批判,只有根据通道研究的具体任务及其必然的批判性开端才能够得到理解。

诚然，根据亚里士多德的明确说明，爱利亚学派"真正说来"根本就不在批判课题范围之内。他们的先行把握，他们的存在理论，使得他们基本上阻挡了达到作为运动存在者的存在者（即通向κίνησις[运动]本身）的通道。爱利亚学派使自己无能于看到处于研究课题中的实事领域的基本现象，即运动现象，他们也不能让具体追问和规定的决定性角度从这种运动出发呈现出来。

然而，尽管爱利亚学派"不在批判课题范围之内"，但亚里士多德却把他们纳入讨论中，并非像波尼茨①②所认为的那样，是为了拥有一个蹩脚的反驳对象，而是为了在这种批判中确保对所有进一步的问题来说决定性的视野：ἡμῖν δ' ὑποκείσθω τὰ φύσει ἢ πάντα ἢ ἔνια κινούμενα εἶναι[《物理学》，卷一第2章，185a12以下]③。亚里士多德向我们表明：处于研究课题中的φύσει ὄν[自然存在者]，作为ἐπιστήμη[观察着—谈论着—证明着的规定]④的对象，乃是一个被称呼和谈论的对象，一个ὄν λεγόμενον[被言说的存在者]（《物理学》卷一第2章和第3章）乃是μετὰ λόγου[根据逻各斯]。这个存在者必须在存在学结构上预先被设定起来；而这种存在学结构之所以得到预先构成，是因为这个存在者根本上是称呼和

---

① ［参看海尔曼·波尼茨："亚里士多德研究之四"，载《维也纳皇家科学院会议报告：哲学史学科》，第LII卷第4期（1866年），第347—423页，特别是第391页（后收入波尼茨：《亚里士多德研究》（五篇合一），希尔德斯海姆：奥尔姆斯出版社，1969年，第240—316页，特别是第284页）。］——编注

② 海尔曼·波尼茨（Hermann Bonitz, 1814—1888年）：古典学者，著有《柏拉图研究》《亚里士多德研究》等。——译注

③ 中译本作："让我们假定一切或一些自然物是在被运动着。"参看苗力田主编：《亚里士多德全集》第二卷，中译本，中国人民大学出版社，1991年，第5页。——译注

④ 通译为"知识、科学"。——译注

谈论的一个"何所向",亦即是在"作为之特征"(Als-Charaktere)的如何中被意谓的。这个存在者在范畴上始终是这种作为这个那个的某物,这就是说:存在之意义原则上是多样的(多重的)。从 ὄν λεγόμενον[被言说的存在者]的意义中已经在先地确定了一点,即:每一个被称呼者都是作为某物的某物。关于 ἀρχή[本原、始基]的理念,关于某物之"由来"(Woaus)的理念,亦即"作为顾及的观察",① 在范畴上根本就成为不可能的,如果存在在其意义上没有得到多重联结,如果关于自然(Physis)的科学以 ἕν καὶ ἀκίνητον τὸ ὄν[存在者是否单一和不被运动](《物理学》,卷一第 2 章,184b26)② 这个命题来探究其对象区域。

一种插入的考察,即一种对巴门尼德箴言的决定性的存在学联系的诠释,将表明:巴门尼德如何首次把洞察了存在者之存在,但从存在学上讲,事情还停留在这种最初的"存在印象"(Seinseindruck)中。随着这种最初的、但又决定性的视见,存在学的观看也已经达乎终点了。一切被经验者是在对象存在之如何中被经验的——这样一种理念变成了一个与实事领域相关的命题,而且,这种对象存在本身根本上"实在地"被意谓为存在着的存在(das seiende Sein),从这种存在着的存在出发,有关其他存在规定性的事情现在就以否定性的分离方式得到了裁定。作为地地道道的意谓的 νοεῖν[觉悟、思想]和 λέγειν[言说、采集]即称呼,是以同样

---

① 此处"作为顾及的观察"原文为:Hinsicht auf als Rücksicht für。英译本作 reference-to as regard-for,参看英译本,第 389 页。——译注

② 中译本作:"存在是否单一和是否不被运动。"参看苗力田主编:《亚里士多德全集》第二卷,中译本,中国人民大学出版社,1991 年,第 4 页。——译注

方式首次被看见的,而且是在与存在的一体性中被看见的。但这种 φύσις[自然]在其首要的决定性的基本现象结构中却还未曾显突出来。

批判的第一个层面意在显示:ἀρχή[本原、始基]研究,只要它根本上想赢获预先给定的实事领域及其角度,它就必须通过对运动基本现象的考察制订出这个领域的存在学结构。在他对爱利亚学派的批判的语境中,亚里士多德发现了 λέγειν[言说、采集]/λόγος[逻各斯]的问题,即关于某个在其存在状态①之什么中的对象性之物的朴素阐明的规定的问题。在这里,这个对象性之物就是有待阐明的运动现象。

从批判的第一个层面出发(一种从根本上确保视野的批判),我们的诠释工作将表明:着眼于"古代自然哲学家"在何种程度上让运动现象从其本身而来说话,以及何以一些预先把握了的关于存在之意义的理论总是从根本上妨碍了他们的阐明,亚里士多德是如何来追问他们的各种意见和说明的。通过这样一种诠释工作,我们就可以明见,在表面看来拘泥于形式的问题——在 φύσει ὄντα[自然存在者]方面必须设定多少以及哪些 ἀρχαί[本原、始基]——背后,隐藏着如下问题:在何种程度上运动总是就其本身被看见和真正地被阐明的?如果运动是就其本身被看见和阐明的,那么,在其范畴结构上的"由来"(Vonwoaus)就必然地多于一个,但同样必然地不多于三个。亚里士多德在第3章中对这个现象作了积极的阐明,而

---

① 此处"存在状态"原文为 Seinshaftigkeit。英译本作 Being-laden-ness,参看英译本,第389页。——译注

且首先完全是在所设定的 ἀρχή[本原、始基]问题框架内进行这种阐明的;我们必须由此出发反观前面的几个章节。在第 7 章的阐明中,形成了 ποίησις[制作]这个"基本范畴",它贯通并且支配了亚里士多德的存在学;而这就是说,这个基本范畴形成于对一种确定的称呼的阐明,即对一种确定地被看见的运动的确定称呼的阐明。独特地,在那个以 κίνησις[运动]为定向的问题中,"雕像从青铜中的形成"(在制作这种交道运动中)起着一个主要① 样本的作用。

在《物理学》第二卷当中,亚里士多德是从另一个视向着手来讨论 κίνησις[运动]问题的。问题是:到底哪些理论上被追问(διὰ τι[因为什么],参看《形而上学》卷十第 17 章,《后分析篇》卷二第 1 章②——为何之故)的可能性在 φύσις[自然]的实事内容及其基本范畴结构中有其动因。我们的诠释工作将表明:"四因"是如何从已经得到刻划的存在学问题中产生的。但同时,着眼于实际性问题本身来看,这一卷(第 4—6 章)具有关键性意义。它表明,亚里士多德是如何在存在学上阐明实际生命的"历史"运动的(即"人们日常发生和可能发生的东西"的运动),以及亚里士多德是如何在 τύχη[命运、偶然]、αὐτόματον[偶然]③ 名称下(这些名称就其本真的意义来说是绝对不可翻译的)来进行这种阐明的。直到今天,这些存在学的分析不仅未被超越过,而且它们本身甚至没有得到过理解和评价。人们常常把它们视为关于那些"真正的原因"(这

---

① [手写插入一个词。]——编注
② [手写补充文献出处。]——编注
③ [与这个复数相关,αὐτόματον[偶然]一词是根据寄给哥廷根的格奥尔格·米施(Georg Misch)的打字稿样书补充的。]——编注

些原因清晰地显示出它们基于确定的问题开端的限制状态)的规定的一个令人厌烦的、不再可用的附属物。

　　在第三卷中，亚里士多德着手对运动现象作真正的课题分析。对这一卷(特别是其中第1—3章)的诠释必须与几乎不可克服的文本困难作斗争[辛普里丘[①](《物理学注》,395,20)就已经为此而抱怨了]；我们只能在具体的上下文中来展开这种诠释。对亚里士多德来说，决定性的事情是要表明：以存在和非存在、不同存在、非类似存在等传统范畴(迄今为止由存在学提供出来的范畴)，运动现象原则上在范畴上不能得到把握。这个现象从自身而来提供出就其本身来说源始的和终极的结构：δύναμις[力、能]，向来确定的对……的支配能力；ἐνέργεια[实现]，对这种可支配性的真[正][②] 应用；ἐντελέχεια[隐德莱希、完成]，在使用中把这种可支配性纳入保真之中。

---

① [辛普里丘:《物理学注》,第尔斯编,同上引。]——编注
② [手写插入一个词。]——编注

［研究工作的第二部分：
《形而上学》卷七、卷八、卷九的诠释］

　　研究工作的第二部分重点将诠释《形而上学》卷七、卷八、卷九。这种诠释旨在表明：通过以确定方式阐明在确定的 λέγειν［言说、采集］中被称呼的东西本身——根据先行具有，它同时就是某种运动物、起源于一种运动（ποιούμενον［被制作者］）的东西的外观——，亚里士多德如何阐发了存在状态（Seinhaftigkeit）的基本问题，并且由此出发，如何得以在存在学上构成了 δύναμις［力、能］和 ἐνέργεια［实现］"范畴"，它们与亚里士多德的范畴一道，在更严格的意义上对"存在者之"存在来说是构成性的。

　　进而，《伦理学》，作为对人之存在、人类生命、生命运动这个存在者的阐明，将被置入这种存在学境域（Horizont）之中。这是这样来完成的，即：首先根据其存在学和逻辑学机制来阐释《论灵魂》，而且是在对作为一种特定运动的生命之存在区域的阐明的广大基础上来阐释的［对《论动物行为》（*De motu animalius*）的诠释］。它将表明，"意向性"是如何得到洞识的，而且作为"客观的"意向性，作为生命运动的一种如何，这种生命在其交道中以某种方式"意向活动地"（noetisch）被揭示出来。在其运动存在——即"向某物存在出去"（Aussein auf etwas）——的基本方面中的存在乃是先行具有，亦即意向性之可显突性的条件，正如它在亚里士多德那里得到阐明、并且本身揭示出 λόγος［逻各斯］的基本结构一样。因此，具体的动机基础首次被提供出来；通过这种动机基础，亚里士多德所达到的存在学和逻辑学问题的最终层面就变得可以理解了。这个动机基础及其根源是通过对《形而上学》卷三、卷五、卷二、卷九以及《解释篇》和《分析篇》的诠释而得到表明的。由此可明见，关于一个确定存在区域的特定存在学以及关于一种确定称呼的逻辑学在何种程度上变成了——伴随着阐释的沉沦趋向——那种存在学和逻辑学，这种存在学和逻辑学不仅决定性地贯通并且支配着它们本身的历史，而且也贯通并且支配着精神史本身，亦即实存史。

"范畴"的本源并不包含在 λέγειν［言说、采集］本身中，它们也不是从"事物"中被读解出来的；它们乃是对确定的与外观相关的、保持在先行具有中的对象区域（即那些人们在定向中可照料的交道对象的对象区域）的一种特定称呼的基本方式。作为这样一种东西，它们乃是那些"作为什么之特征"（Alswascharaktere）的与意义相关的"根源"，而在这些"作为什么特征"中，这种对象性之物才成为可称呼的。与 ὂν δυνάμει［根据能力的存在者］一道，它们对于"行为"对象（ποιούμενον［被制作者］）的存在来说是构成性的，因为它们是从对象性的什么中、并且是为这个什么而产生出来的。与之相反，作为存在者之特征的 ὂν ὡς ἀληθές［作为真实者的存在者］，作为无遮掩地在其本身中的存在之如何，对于 ὂν［存在者］来说并不是构成性的；但着眼于以质朴的觉悟和阐明性规定的方式对存在的通达，它却是 κυρίως ὂν，即决定性的东西，给予导向的东西。与 ὂν ὡς ἀληθές［真实存在者］一样，κάτα συμβεβηκός

[根据复合的存在者],即在共同带有状态①之如何中的存在,对于存在者很少有构成意义。因为存在之意义源始地是被制作之存在(Hergestelltsein)。这个存在者在其所是中原初地仅仅为制作性交道而在此存在;不过,它已经不再在使用它的交道方式中存在,因为这种交道能够把完成了的对象纳入不同的、不再源始的关照角度(Sorgenshinsichten)之中。

房屋的存在是作为被建造存在的存在(ποιηθεῖσα[被制作者]),因此,这种存在意义是一种完全确定的意义,而不是一般实在性的模模糊糊的和无关紧要的意义;而且,存在与制作相关,或者说是与把这种交道揭示出来的环视(即做法)相关的。根据这种原则上被设定起来的本真存在之意义,交道对象的外观显现方式和照面方式(使对象在其丰富的周围世界的意蕴状态中呈现出来的方式:房屋的舒适的、美观的、有良好布置和照明的存在),就必定显露为仅仅共同带有的东西(nur mithaft),并且显露为一种ἐγγύς τι μὴ ὄντος[近乎某个非存在者](《形而上学》,卷六第 2 章,1026b21)。但是,亚里士多德能够以此方式使共同带有状态作为本己的存在意义显突出来,这一事实同时也最有力地表明:他已经把周围世界看作丰富地被经验的周围世界(Umwelt),他也看到了共同带有性质(das Mithafte),只不过,这已经是通过术语、依照一种确定的决定性地构成的存在意义而在存在学上得到阐释的。这种决定性地构成的存在意义本身起源于源始地被给予的周围世界;

---

① 此处"共同带有状态"原文为 Mithaftigkeit。英译本作 the quality of having been had along with,参看英译本,第 392 页。——译注

但进而，甚至就在亚里士多德那里，它在已经构成的存在学的压力下又失去了本身的起源意义，并且在存在学研究的进一步发展过程中，它沦于实在性和现实性的不确定的含义平均状态之中；作为这种不确定的含义平均状态，这种存在意义后来又为认识论问题提供了开端，因为对作为"自然"的对象的理论规定的"客观性"（一种首先又形成于这种存在意义的"客观性"），本身并没有被当作对问题具有引导作用的存在意义。

海德格尔早期"神学"著作[①]

我以这个标题来为海德格尔一本重要的遗著作导言，可谓既贴切又不贴切，恰如在他那个时代，狄尔泰的伟大发现被编者 H. 诺尔[②]编辑成书，并被冠以《黑格尔早期神学著作》[③]（1907 年）之名。青年海德格尔的一份手稿现在重见天日，这是一件真正的大事，因为这份手稿呈现了青年海德格尔的重要影响的开端。这本著作既不会因为早期讲座而变得多余——现在幸运的是，这些早期讲座已经在《海德格尔全集》中出版了；它也不会因为海德格尔后来在他自己的思想道路上对希腊哲学的继续研究而失去意义。我们必须清楚地设想一下当时的时机。海德格尔是在 1922 年深秋撰写

[①] 本文标题原文为：Heideggers "theologische Jugendschrift"，系伽达默尔为海德格尔的"对亚里士多德的现象学诠释"——所谓"那托普报告"——写的导言，载《狄尔泰年鉴》（*Dilthey Jahrbuch*），第六卷，哥廷根，1989 年，第 228—234 页。——译注

[②] 海尔曼·诺尔（Herman Nohl,1789—1960 年）：德国教育家和哲学家，狄尔泰的弟子，人文科学教育学的主要代表人物。——译注

[③] 《黑格尔早期神学著作》（*Hegels theologische Jugendschriften*）：黑格尔早期著作。黑格尔曾在图宾根神学院学习神学(1788—1800 年)，此间著有大量关于宗教和伦理的手稿，它们最早由狄尔泰发现，后者在《青年黑格尔的历史》中论述了早期黑格尔的神学思想，是一种"神秘的泛神论"。这些手稿后由海尔曼·诺尔编辑，以《黑格尔早期神学著作》为书名出版(1907 年)。——译注

这份手稿的，其时应马堡大学保罗·那托普[①]教授的要求，海德格尔得提交一份关于自己对亚里士多德的现象学诠释的研究状况的报告。实际上这份手稿成了海德格尔于1923年夏天成功获聘马堡大学教职的基础。当时我自己——仅一个夏季学期——就在弗莱堡大学，求学于海德格尔；通过海德格尔，我在那里获得了对一种亚里士多德理解的初步入门，由于青年讲师海德格尔的现象学天赋，这种亚里士多德理解开启了一种真正的革命。亚里士多德开始真正地在我们当代跟我们说话了。

对今天的我们来说，这份手稿的重要性在于：海德格尔当时还完全处于寻求之中。他当时所寻求的，乃是一种对基督教意识的恰当诠释以及一种对基督教意识的人类学理解。说到底，海德格尔与我们所有人一样，也曾是启蒙和科学时代的孩子，也跟我们大家一样，曾经有自己与基督教教会的学理传统相关的难题。所以对于海德格尔来说，对这位尤其在教会史和教义史领域获得过高水平学术训练的学者来说，其使命就在于，彻底摆脱基督教教义的神学偏见和烙印。亚里士多德乃是新经院哲学思潮的思想基础，早在海德格尔的神学学习岁月里，就未能为他自己的宗教问题提出满意的解答，而在他作为讲师完全投身于哲学研究之后，就更令他不满了。1921年，此时已经深受胡塞尔现象学影响的海德格尔，返回到自己的亚里士多德研究上，并且发现了一个完全不同的亚里士多德，迥然不同于他在自己的学生时代所了解的亚里士多德。我们看到的这份纲领性的手稿勾勒了这种关于亚里士多德的新看法的图景，而它同时

[①] 保罗·那托普（Paul Natorp, 1854—1924年）：德国哲学家，新康德主义马堡学派代表人物之一。曾任马堡大学哲学系教授。——译注

又具有极富天才般的洞见和意义深远的观点,因而别具一格。

早在1922年,我就已经知道了这份手稿的开头部分。我当时在保罗·那托普那儿做我的博士学位论文,是他交给我一份《阐释学处境的显示》的复印件。据说这部分文字是作为海德格尔的《对亚里士多德的现象学阐释》的导言先行寄来的。这个文本对我来说成了一种真正的灵感。因此使我开启了通往弗莱堡的道路。我在这份手稿中找到的那些暗示,进而又在海德格尔的马堡岁月(那是他的哲学发展的决定性的岁月)[1]一直伴随着我。我肯定反复研读过这份手稿,慢慢提高了理解力,直到最后,我在第二次世界大战的乱象中丢失了这份手稿。

今天我几乎难以描写,这个文本的每个句子对于当时一个读者来说是多么新奇。回头看,在我遇到海德格尔本人并且慢慢向他学了一些东西后,我就经常跟自己说,我们不得不佩服保罗·那托普,尽管海德格尔这位大胆的思想家在言说和著述中的表达方式是如此独特和反传统,但那托普还是独具慧眼,认识到了这个年轻同事的天才。

当我如今再读海德格尔的亚里士多德研究导言的这第一个部分即《阐释学处境的显示》时,我觉得,仿佛我在其中重新找到了我自己的哲学发展的主导线索,仿佛我应当重审我最后的哲学阐释学研究工作。我当时感受到的强大冲击力,在我今天的阅读中又径直扑面而来,而且我相信,有些读者会觉得,我自己的后期著作也有类似的情况。但首要地是这样一点:这份新发现的手稿现在以完整

---

[1] 海德格尔的马堡时期是指他1923—1928年间在马堡大学任副教授的时期,也正是他酝酿和撰写《存在与时间》的时期。《海德格尔全集》第17—26卷是他在马堡时期的讲座稿。——译注

的篇幅呈现在我们面前,并且附上了一个有关亚里士多德诠释的初步显示,它同时也表明,这个导言始于一种完全原则性的批判,即关于一种以新经院哲学传统为基础对亚里士多德所作的保守的、表面上具有历史学客观性的居有工作的批判,而且这种批判直接产生了革命性的影响。这里对亚里士多德的接近,并不是把他当作一个重要的历史学对象,而是从当代哲学问题出发,从生命概念所产生的、近几十年来开始越来越多地支配德国哲学的问题压力出发,发展出一种彻底的问题提法。海德格尔当时把生命(Leben)称为"此在的实际性"(Faktizität des Daseins);生命的自身阐释难题在这里变成一个大胆独创的提纲的主导线索,该提纲从亚里士多德而来阐发出一种哲学人类学和现象学人类学的基本特征。

现在,通过我们这个新发现,整个手稿首次大白于天下,而我以前只知道它的导言部分。它此外还包含一项构思宏大的亚里士多德研究的纲领性方案,这项研究是当时弗莱堡大学青年讲师海德格尔计划在《现象学年鉴》[①]上发表的,很可能是两卷本。对此,有已经为人所知的书面通知,当时是1922年秋,还在我碰到海德格尔之前,我自己患了小儿麻痹症,正卧床休养,他就让我得到了这个通知。

海德格尔的这个规划要传授给我们什么呢?它首先致力于详细的论证,论证为什么要真正理解西方基督教历史及其丰富的可能性,要弄清楚我们自己的当代形势,我们就必须重新回到亚里士多德那儿。其意图在于,根据实际地被经历的生命(正如它主要在亚里士多德的修辞学和伦理学中可以找到的那样),根据本己的当前

[①] 指胡塞尔主编的《哲学与现象学研究年鉴》。海德格尔的《存在与时间》即发表在该刊第八卷上。——译注

的生命理解,使亚里士多德的人类学重新达乎言说。人们钦佩地读到青年学者海德格尔所拥有的关于中世纪教义史的精深知识,以及他如何循着路德的道路,通过奥古斯丁和新柏拉图主义,达到保罗和《约翰福音》,为的是在向亚里士多德的回溯中澄清他自己的生命问题。

现在,我不可能把自己对这份手稿的阅读与我在自己的学生时代从马丁·海德格尔那儿学到的所有东西(在弗莱堡,主要是在马堡)分割开来。海德格尔在这份手稿中纲领性地表述出来的东西,多半已经得到了阐明,并且在那些年的学院教学中得到了呈现。所以我在弗莱堡就已经参加了一个关于《尼各马可伦理学》第六卷的研讨班,这个研讨班对我来说是难忘的,因为使我与海德格尔的现象学思想力量有了决定性的相遇。在这份新手稿中,这个第六卷并没有得到细致的讨论。关键正在于一个单纯的报告,显然是海德格尔当时十分匆忙地写下来的。但恰恰在这种形式中,即在海德格尔用来报告他自己的亚里士多德研究的形式中,他的哲学和神学旨趣的动机和他的问题能量的彻底性,才得以极其让人印象深刻地显露出来了。对我自己来说,我参加的这第一个亚里士多德研讨班,首先成了一种引导,使我了解到 Phronesis 即实践知识的基本含义。众所周知,这一点后来受到我的充分重视,我的目的是要把实践知识与现代科学的方法概念区分开来,并且指明后者的界限。这也就是说,亚里士多德的 Phronesis 几乎成了一个前奏,即我们在近代哲学中当作判断力概念和康德第三《批判》[1]的独立意义来认识的东

---

[1] 指康德的《判断力批判》。——译注

西的前奏。在这份手稿中，我们可以十分清晰地读到一点——这也是我从当时的研讨班里学到的东西——即海德格尔已经以确凿的目光认识到了：知识存在（Wissendsein）只有两种真正的最高形式，是亚里士多德在此强调的。一是 Sophia 即智慧，二是 Phronesis 即本己生命的实践性照亮。

通过阅读这个重新发现的规划，现在让我感到惊奇的是，在海德格尔的手稿中，Phronesis 根本就没有多少受到重视，他重视的毋宁说是理论生命的德性即 Sophia。这就意味着，青年海德格尔当时关注的更多地是实践哲学对于亚里士多德存在学即《形而上学》的意义，而不是实践哲学的现实意义。在这份纲领性著作中，《尼各马可伦理学》第六卷看起来更多地是亚里士多德《物理学》的一个引论。

现在通过阅读，我才完全弄明白，为什么在我的研究的初始阶段，也即在 20 年代，海德格尔想让我下定决心，首先始终关注亚里士多德的《物理学》。我得写一本关于亚里士多德《物理学》的评注（和翻译）。对于我这样一个新手来说，当时这要求实在是太高了，所以整个就陷入破碎状态中了，最后不了了之。[1]

且让我们来看一看整本新手稿吧。它分为三个关于规划好的亚里士多德诠释的简短报告，其中相当一部分是当时已经写好的。第一部分是我们前面已经谈到的关于《尼各马可伦理学》第六卷。第二部分讨论亚里士多德《形而上学》的前两章，即第一卷第 1 章

---

[1] 只是到现在，当时由费利克斯·迈纳（Felix Meiner）出版社与我一道规划的亚里士多德《物理学》的版本和汉斯·京特·策克尔（Hans Günter Zekl）的译本，才作为"哲学丛书"第 380 和 381 卷出版。——原注

和第 2 章。关于亚里士多德的这部分文字，我当时也已经从海德格尔那里得到了先行诠释，我甚至相信当时是在一个小型私人课程中，1923 年夏天，他为我单独讲授的，当时真正让我恍然大悟了。海德格尔在这里极有冲击力地强调指出，"更多知道"（μᾶλλον εἰδέναι）[①] 这个理想是如何从人类生命的实际性（Faktizität）中升起的。这一诠释有着这样一种推动力，以至于当时在弗莱堡大学相关讲座课上的听众们，诸如列奥·斯特劳斯[②]，肯定还有其他一些人，都被深深地吸引住了，他们到处宣扬，说不光是魏尔纳·耶格尔[③]（他委实是一位亚里士多德研究的大行家），甚至还有马克斯·韦伯[④]（他无疑代表着当时德国大学讲台上最强的学术热情），都没法跟海德格尔相提并论。

亚里士多德的这两个引导性章节显然遵循这样一个目的，即旨在表明，在人类此在对于自身及其存在的忧虑中包含着某个东西，它作为关于存在概念的问题在亚里士多德《形而上学》中找到其全面的存在学答案。

于是，海德格尔在其手稿中就得出了一个简直戏剧性的结论。我们在其中看到，整个近代哲学、基督教及其神学，实际上都在使

[①] 伽达默尔在此把 μᾶλλον εἰδέναι 译为"更多知道"（mehr Wissen）；而在《对亚里士多德的现象学诠释》正文第 388 页上，海德格尔把它译为"观察的丰富性"或"更多观察"（das Mehr an Hinsehen）。——译注

[②] 列奥·斯特劳斯（Leo Strauss, 1899—1973 年）：犹太裔德国哲学家，1938 年流亡美国。著有《自然权利与历史》《政治哲学史》等。——译注

[③] 魏尔纳·耶格尔（Werner Jaeger, 1888—1961 年）：德国古典语文学家。——译注

[④] 马克斯·韦伯（Max Weber, 1864—1920 年）：德国社会学家、政治学家、哲学家，古典社会学的奠基人之一。——译注

用借来的手段,即源自希腊思想的源始问题方向的手段。而为了使今天人类的生命意识和宗教意识变得可以理解,这些手段是不合适的。毫无疑问,在这个结论中表达出青年海德格尔的亚里士多德研究的真正目标。可是,海德格尔用来诠释亚里士多德文本的那种感应力量,却几乎不能为人们所认识。即便对于《存在与时间》,也极少有人弄清楚,亚里士多德对于海德格尔来说更多地是一个有所掩蔽的传统形象,他让本己的西方思想达不到自身,找不到通往自由之境的道路。海德格尔显然具有两个动因,它们规定着他与亚里士多德的关系。其中一个动因是对亚里士多德的存在概念的批判,以及对亚氏作为存在者的神性之物概念的批判,在亚里士多德那里,这个神性之物完全持守于一种持久实行的当前中,在其中没有任何东西悬欠未至(ausstehen),没有任何东西仅仅被意指和仅仅被追求,而毋宁说,它就是神性的存在,而不是人的存在。

海德格尔所依循的另一个动因,当时立即——主要从新教神学中——采纳的动因,乃是对此在之本真性的呼吁,这种本真性是要在亚里士多德的此在之实际性中重新找到的。这就是"向某物……出离—存在"(Aus-sein—auf etwas),海德格尔在这里以为,它说到底甚至可以在胡塞尔关于意向性的现象学学说中重新找到。即便在这里也蕴含着极大的说服力。也许只有一个独一无二的词语,它透露了海德格尔的尝试的难题;确实到后来,他不愿再固守于此了。我指的是这样一种情况,即:海德格尔十分频繁地使用了"使透明"[①]一词。人类此在自发地寻求的照亮(Erhellung)首先在

---

① 德语原文为 Durchsichtigmachen,或可译为"透视"。——译注

于，人们要明见自己，并且以这种方式——尽管有着种种本己的限制——让人们能抓住其本己的可能性。看起来，海德格尔在他后来的思想中越来越清楚了一点，即一种终极的不透明性构成历史和人类命运的本真本质。

倘若我们意愿根据海德格尔后来的思想，来显示现在这份手稿向我们展现出来的不同动机及其效应，那么我们就可能走得更远。最让我关注的是那种存在学兴趣的优势地位，它在整个 Phronesis［明智、审慎］分析中也还显示出来了，以至于 "Ethos［伦常、伦理］"概念在整部纲领性著作中几乎没有专门被提及。但所谓 Ethos［伦常、伦理］恰恰不是照亮，而是习惯（Gewöhnung）。在他对生命之实际性的分析中，海德格尔肯定已经认识到习惯是构成性的，但却把它刻划为生命的沉沦倾向。因此，习惯并不显现于此在之照亮中，而是显现于此在之伪装和晦蔽中，而思想的努力必须针对后者，方能明见自身。我们看到，当海德格尔从亚里士多德出发并且借助于亚里士多德，一再地试图揭示人类生命的实际性如何隐藏在亚里士多德所开启的形而上学思想背后，这时候，海德格尔是如何始终不渝地依循着自己的道路的。对海德格尔来说，亚里士多德思想的真正中心是由《物理学》构成的。《物理学》以运动（Bewegtheit）之存在为主题，而不是柏拉图—毕达哥拉斯式的数学秩序和规律的"理想性"（Idealität）。运动之存在乃是主导线索。在 Energeia［实现］即实行的存在中，制作和行动的视角具有决定性作用。存在乃是被制作存在（Hergestelltsein），而 Telos［目的、终点］不是目标，而是完成的存在（Fertigsein）、成熟的存在（Reifsein）、此在（Dasein）。所以，在时间意识之现象学的难题中，借着所有人类此在经验的时间性特征之名，整体之张力就越来越增强了。Physis［涌现、自然］与 Logos［逻各斯］，作为进入"此"（Da）之中的涌现，两者在 Aletheia［无蔽、真理］之无蔽状态中统一起来了。

这就是青年海德格尔所处的特殊情境，那时候他从天主教神学系转入了哲学系，他想通过自己的亚里士多德研究说服当时举足轻重的哲学家胡塞尔和那托普，要他们相信亚里士多德是一位看到了实事本身的现象学家。海德格尔因而试图与基督教对亚里士多德的接受保持距离，特别是他那个时代的天主教神学保持距离。于是，他最本己的关切和他对生命之照亮的追求，就进入与同时代的新经院哲学的争辩之中，随后也进入与新教神学的争辩之中。与两者相对立，海德格尔的关注重点是存在问题的酝酿。这个存在学的问题处于背景之中，它使"存在与时间"（Sein und Zeit）的联系成为课题，而且尤其是当我们发现的这本纲领性著作关于亚里士多德的《物理学》和《形而上学》的讨论强调了运动的时间特征时，情形就更是如此了。正是其中的一个批判性动机，当时就已经引导着海德格尔，而同时又允诺要克服历史主义和相对主义的疑难。因此实际上，在海德格尔对亚里士多德的居有和诠释工作背后，隐藏着基督教福音的末世论维度，以及瞬间（Augenblick）的别具一格的时间特征。海德格尔从青年时代起就紧紧抓住的、从其本己此在的实际性中升起的忧虑，乃是他思想道路的决定性的第一步，而在这份新发现的手稿中，我们可以看到这第一步如何在我们面前展开出来。

1989

伽达默尔

编 者 后 记

海德格尔这个以所谓"那托普报告"而著称的文稿，其成因与1922年马堡大学和哥廷根大学的两个哲学副教授职位的填补相关。无论是对尼古拉·哈特曼在马堡大学教职的接替（哈特曼在那里担任了因为保罗·那托普的荣休而空出来的教授职位），还是对当时埃德蒙德·胡塞尔在哥廷根大学教职的接替（狄尔泰的学生海尔曼·诺尔，自1919年以来是副教授职位的持有者，1922年在那里担任了一个新设置的哲学和教育学教授职位），海德格尔作为大有希望的候选人都在讨论之中。对于马堡大学空缺教职的聘任，保罗·那托普[1]与格奥尔格·米施（Georg Misch）[2]总是用书信方式请求他们的同事胡塞尔相助，希望他的助手海德格尔向他们提交一份关于教学活动、著述和下一步发表计划的详细报告——按照那托普的希望，尽可能提供已经"付印的稿子或者可付印的手稿"。不光

---

[1] 1922年9月22日致胡塞尔的信，载埃德蒙德·胡塞尔：《通信集》（10卷本）。与伊丽莎白·舒曼的工作相联系，卡尔·舒曼编，多德雷赫特/波士顿/伦敦，1994年。第五卷《新康德主义者》，第158—159页。（下面引作：胡塞尔：《通信集》。标有方括号的补充来自本书编者和后记作者，相反，标有尖括号的补充则来自所引书信的编者。）

[2] 1922年5月28日致胡塞尔的信，载胡塞尔：《通信集》第六卷《哲学家书信》，第272—273页，参看第503页（考订附录）。

是胡塞尔的越来越高的评价①,还来自海德格尔在弗莱堡大学的讲师课堂上听众们的消息,特别是关于他"把现象学方法径直应用于哲〈学〉史(例如亚里士多德与中世纪)以及由此把这种方法投在可靠的基础之上"②的努力,已经早就使人们关注海德格尔了。一个著名的说法来自汉娜·阿伦特,她说,因为大家当时传抄他的讲课笔记,海德格尔的名字"就像隐秘国王的传闻一样[传遍了]整个德国"。③聘任的可能障碍大抵在于,海德格尔那时候还少有出版物,就像那托普所觉察到的那样,他还没有把自己的研究"在明确的书面材料中"反映出来,而这样的书面材料是人们"在面对院系时特别需要的"。④自从他的授课资格论文《邓·司各脱的范畴理论与意谓学说》(图宾根1916年)和他同样于1916年发表的试讲论文《历史科学中的时间概念》(1915年7月27日在弗莱堡大学哲学系为取得高校教书资格而作的试讲)以后,海德格尔再也没有出版过

---

① 例如可参看胡塞尔1917年10月8日,1920年2月11日以及1922年2月1日致那托普的信载胡塞尔:《通信集》,第五卷,第131—132页、第139—140页和第150—151页。

② 胡塞尔:《通信集》,第五卷,第158页。

③ 汉娜·阿伦特:"马丁·海德格尔八十岁了",载《回答:在谈话中的马丁·海德格尔》,京特·纳斯克和埃米尔·克特琳编,弗林根,1988年,第232—246页;此处见第232—233页。

④ 胡塞尔:《通信集》,第五卷,第159页。在其1922年11月19日致卡尔·雅斯贝斯的书信中,海德格尔自己也担心,他的弗莱堡同事和马堡大学职位的竞争对手理查德·克罗纳(Richard Kroner)"可能会排在"聘任名单的"第一位":"他'较年长',而且首先是有许多论文"(马丁·海德格尔/卡尔·雅斯贝斯:《1920—1963年通信集》,瓦尔特·比梅尔和汉斯·扎纳编,美茵法兰克福和慕尼黑/苏黎世,1990年,第34页)。(下文引作:海德格尔/雅斯贝斯:《通信集》。)也参看胡塞尔:《通信集》,第二卷《慕尼黑现象学家》,第110页(莫里茨·盖格1922年8月9日致胡塞尔的信)。

编者后记　　　　　　　　　　　　　　　　　　　　　　　　　**85**

任何东西。①

在海德格尔本人称为"亚里士多德导言"或者仅仅称为"导言"的为马堡大学和哥廷根大学哲学系准备的论著中，他报告了自己的亚里士多德研究的方法开端、立场和方向，这项研究被冠以《对亚里士多德的现象学诠释》之题，拟作为奠基性的宏大著作，列入胡塞尔主编的《哲学与现象学研究年鉴》第七卷以及第八卷，自1924年起在哈勒的马克斯·尼迈耶出版社出版。②但后来，约1924年底，海德格尔放弃了这本计划好的亚里士多德研究之书。③

计划中的出版物的"导言"的初步工作，海德格尔于1922年夏季学期就开始了。在他前往海德堡对卡尔·雅斯贝斯所做的为期八天的访问中（至9月中旬），海德格尔已经向后者朗读了一份手稿中的若干页。雅斯贝斯"要求自然的表达方式"。④关于给系科的"概览"的具体形成过程，海德格尔自己在多封书信里作了陈述。访问

---

① 这两个文本重印于马丁·海德格尔：《早期著作》，弗里德里希-威廉姆·冯·海尔曼编，《全集》第一卷，美茵法兰克福，1978年，第189—433页。关于那托普对海德格尔讨论邓·司各脱的书的兴趣，他的一份四页长的带有注释的手稿作了说明（马堡大学图书馆那托普档案馆，手稿第831号；也可参看胡塞尔：《通信集》第五卷，第131页）。

② 参看胡塞尔：《通信集》第三卷《哥廷根学派》，第217页（胡塞尔1922年12月14日致罗曼·英伽登的信）；进一步可参看汉斯-格奥尔格·伽达默尔：《文集》第三卷《现代哲学之一，黑格尔、胡塞尔和海德格尔》，图宾根，1987年，第286页，也可参看第199页、第263页、第313页、第396页；伽达默尔："海德格尔早期'神学'著作"，载《狄尔泰哲学与人文科学史年鉴》第六卷（1989年），第228—334页，特别是第230页（该文本也附在本书中，第67—75页，特别是第69—70页）。

③ 关于"导言"之多重草案以及计划中的亚里士多德书，1922年9月20日至1924年12月17日的（未发表的）致卡尔·洛维特的书信也给出了说明。（海德格尔全部来自马尔巴赫德意志文献馆的手稿部的遗稿。）

④ 卡尔·雅斯贝斯：《哲学自传》（扩充新版），慕尼黑，1977年，第98页。

雅斯贝斯回来后，海德格尔于1922年9月26日收到胡塞尔的一张明信片，请海氏立刻去他那儿。① 在后来发生的对话中，胡塞尔向他朗读了"那托普的一封长信"。② 可能在接到胡塞尔的通知不久后，海德格尔在三周之内撰写了预期的报告。在1922年11月19日致雅斯贝斯的书信中，海德格尔报告道："当我回到这里时，胡塞尔等着我，告诉我马堡方面希望马上得到我关于亚里士多德讲座课的消息；那托普希望知道我计划中的研究工作的具体方向。因此我花了整整三个星期的时间来做整理，并且写了一个'前言'；然后我口授了所有的内容（共60页），通过胡塞尔给马堡和哥廷根各寄了一份。"③

通过胡塞尔寄往哥廷根的格奥尔格·米施（威廉姆·狄尔泰的弟子和女婿）的一份"亚里士多德导言"打字稿，附了一个为"哥廷根学术广告"而拟定的对雅斯贝斯《世界观的心理学》的"评注"的用打字机打印的稿本，但后者至1973年才在由汉斯·扎纳（Hans Saner）为雅氏90诞辰而编辑的文集《讨论中的卡尔·雅斯贝斯》中发表。④ 早在1922年11月2日，哥廷根大学哲学系就已经通

---

① 关于此点，海德格尔在1922年9月27日的一封致弗莱堡音乐理论家维利巴尔德·古利特（Willibald Gurlitt）的书信中作了陈述。正如从这封书信中，从1922年11月19日给雅斯贝斯的消息中（海德格尔/雅斯贝斯:《通信集》，第33—34页），以及从1922年11月22日致洛维特的书信中可以得知的那样，海德格尔通过胡塞尔十分准确地了解了那托普和米施（Misch）与聘任相关的书信交流。

② 海德格尔1922年9月27日致古利特的书信（未发表）。在这里提到的那托普的书信中，必定讨论了已经指出的1922年9月22日致胡塞尔的书信（胡塞尔:《通信录》第五卷，第155—159页）。

③ 海德格尔/雅斯贝斯:《通信集》，第33—34页。

④ 重印于马丁·海德格尔:《路标》，弗里德里希-威廉姆·冯·海尔曼编，《全集》第九卷，审订第二版，美茵法兰克福，1996年，第1—44页。

过了招聘清单。① 同样已获得副教授职位的莫里茨·盖格（Moritz Geiger）排在第一位，接着是海德格尔，排在第二位，有三位私人讲师并列排在第三，他们是：尤利乌斯·斯坦泽（Julius Stenzel）、汉斯·弗莱尔（Hans Freyer）、埃里希·罗特哈克（Erich Rothacker）。在上面已经提到的致雅斯贝斯的书信中，海德格尔把哥廷根名单上的第二位评价为一个"成功"，同时报告说，在马堡"工作现在也已经上路了"。②

为了1908年设立的马堡哲学副教授职位，以及希望填补由于对两个正教授职位的确定而产生的哲学史（尤其是中世纪哲学史）领域的"明显空缺"同时也支持现象学，海德格尔早就已经唤起了那托普的兴趣。正如那托普在1917年10月7日致胡塞尔的书信里说的，对由于格奥尔格·米施的离开而空出来的教授位置的填补来说，海德格尔在他那儿"完全是放在第一位"来考虑的。③ 在副教授职位的招聘清单上，海德格尔诚然只是排到第三名，而且"与另两位候选人"弗里德里希·孔茨（Friedrich Kuntze）和马克斯·洪特（Max Wundt）"有一定的距离"，"原因是他的年纪和他比较局

---

① 由系主任米施所撰写的"1922年11月2日哲学系的鉴定"，在"亚里士多德导言"首次发表于《狄尔泰年鉴》时，未经缩简地被刊印于编者汉斯-乌里希·莱辛（Hans-Ulrich Lessing）的后记中（《狄尔泰年鉴》第六卷（1989年），第270—274页；此处见第272页）。关于海德格尔文稿的形成史的重构（根据已出版的书信，今天更清晰地展现在我们面前了），参看莱辛所作的文献说明（同上，第270页注1），特别可参看泰奥多·克西尔（Theodore J. Kisiel）："早期海德格尔哲学中的缺失的联系"（The Missing Links in Early Heidegger），载《阐释学的现象学：演讲和文章》，约瑟夫·科克尔曼斯（Joseph J. Kockelmanns）编，华盛顿，1988年，第1—40页。

② 海德格尔/雅斯贝斯：《通信集》，第34页。

③ 胡塞尔：《通信集》第五卷，第130页。

限的研究领域"。① 马克斯·洪特成了米施在马堡的副教授职位的接任者。1920年由于洪特换到了耶拿大学，职位的填补推迟了，这时候，海德格尔的名字"还更突出地"又被置于第三位，排在海尔曼·莱泽(Hermann Leser)和尼古拉·哈特曼(Nicolai Hartmann)之后。② 洪特的接任者成了获得首推的哈特曼。正如前面提到过的，由于哈特曼被任命为那托普的继任人，这个副教授职位于1922年重又空了出来。除了打字稿，寄往马堡的材料也附上了1922年夏季学期亚里士多德讲座课的手抄章节。③ 海德格尔的"节录"在那托普那里以及在哈特曼那里留下了持久的印象，这一点由那托普于1922年10月30日和11月9日致胡塞尔的书信作出了证明。④ 海德格尔这部文稿对于后来受聘马堡大学具有重要意义，这种意义可以据此来考量，即它完全满足了除了胡塞尔的推荐之外他的弗莱堡讲座课的马堡听众们的报道所唤起的期望。文本的"一种并非日常的原创性、深度和严格性"获得了特别的强调。⑤ 尤其是在

---

① 参看胡塞尔:《通信集》第五卷，第132页(那托普1917年10月15日致胡塞尔的信)。

② 参看同上书，第141页(那托普1920年3月致胡塞尔的信)。

③ 据海德格尔1922年11月22日致卡尔·洛维特的(未发表的)信。关于讲座，可参看海德格尔:《对亚里士多德存在学和逻辑学文选的现象学诠释》，早期弗莱堡讲座，1922年夏季学期。京特·诺伊曼编，《全集》第62卷，美茵法兰克福，2005年。

④ 胡塞尔:《通信集》第五卷，第160—163页。

⑤ 同上书，第161页。为比较起见，需要指出那托普还在年初的书信中向胡塞尔表达的"担忧"，即海德格尔"作为现象学家迄今未发表任何东西"，是否"不再顺从地和会意地接受，并且进而在保存下来的冲力方向上——诚然是必要的——继续前行，从原始的本己的创造性而来进行创造"[同上书，第145页(1922年1月29日信)]。胡塞尔1922年2月1日的回答直接针对那托普的疑虑:"他的接受能力不高，它是顺从的极端反面。一种完全原创的性格，敢于搏斗，寻求自身和已获本己建基的方式，并且奋力塑造。他的现象学的观看和工作方式以及他的兴趣领域本身——其中没有任何东西

现象学运动中"他的行动的原创性"也在那托普的同事们中间引发了"强烈的兴趣"。[1]因此，海德格尔在1922年12月12日通过的聘任名单中被列为第一名，后面第二名是海因茨·海姆索特（Heinz Heimsoeth）。海德格尔的弗莱堡竞争者理查德·克罗纳（Richard Kroner）甚至才位居名单上的第三位。[2]海德格尔于1923年6月18日收到了邮寄的马堡大学聘任书，获聘"副教授，但行使正教授的职能和权利"。[3]他于1923—1924年冬季学期出任马堡大学教授职位。[4]

*

只是从我这里接受过去的，而毋宁说是在其本己原始性方面有根基的。作为教师，除了我的影响之外，他还具有完全独特的影响，而且很可能是一种十分强大的影响力。"（同上书，第150页）

[1] 胡塞尔：《通信集》第五卷，第163页。对此也可参看哈特曼所撰的聘任委员会总结报告［英译本刊于泰奥多·克西尔："早期海德格尔哲学中的缺失的联系"（见前页注3），第15—16页］。

[2] 参看海德格尔/雅斯贝斯：《通信集》，第34页和第40—41页（海德格尔1922年11月19日和1923年7月14日致雅斯贝斯的信）。

[3] 参看海德格尔1923年6月19日致雅斯贝斯的信。载海德格尔/雅斯贝斯：《通信集》，第37页。就像他的前任哈特曼，后者于1921年被任命为"私人正教授"（personlicher Ordinarius），海德格尔也被专门聘任为行使正教授职能的副教授——正如那托普1922年3月23日致胡塞尔的信中所说的，这个职位"按照今天的看法，在普鲁士真正说来只在收入上与两个［按预算的］正教授职位并不相同"（胡塞尔：《通信集》第五卷，第153页）。

[4] 为马堡大学校庆年，海德格尔自己撰写了一个研究报告"论1866年以来哲学教席的历史"（载H. 赫梅林克/S.A. 克勒编：《马堡大学1527—1927年》，马堡，1927年，第681—687页）；有关副教授职位的历史，参看该书687页；重印于马丁·海德格尔：《康德与形而上学问题》，弗里德里希-威廉姆·冯·海尔曼编，《全集》第三卷，美茵法兰克福，1991年，第304—311页。

正如我们从海德格尔的一个书信表达中可以得知的那样，他的弗莱堡同事、后来的罗斯托克大学和马堡大学的哲学教授尤利乌斯·埃宾豪斯（Julius Ebbinghaus）的夫人为他打印了他给马堡大学和哥廷根大学哲学系的文稿："埃宾豪斯读了我的'亚里士多德导言'，他夫人把它打印出来了。"[①] 从论题角度，尤利乌斯·埃宾豪斯也被视为谈话伙伴，因为这两个弗莱堡私人讲师之间的充满深厚友谊的交流也特别包括了宗教哲学的论题。[②] 可以认为，这个文本原为一个手写草稿，海德格尔据此口述给弗兰齐斯卡·埃宾豪斯（娘家姓施拉格穆勒），其间还作了若干处改动和加工。[③] 这是一个编了号的 33×21 厘米大小的打字稿，共计 51 页，文本从第一页就开始了（没有封面）。

[①] 1922 年 11 月 22 日致卡尔·洛维特的信（未发表）。

[②] 两人度过了一些共同的夜晚，也包括有一段时间，他们共同阅读路德的宗教改革著作。对此可参看埃宾豪斯的文章，载：《自我描述中的哲学》，路德维希·蓬格拉茨（Ludwig J.Pongratz）编，第三卷，汉堡，1977 年，第 1—59 页；此处第 30—31 页，特别是第 33 页（也可参看海德格尔对埃宾豪斯授课资格论文的批判性摘录，载马丁·海德格尔：《对亚里士多德的现象学诠释——现象学研究导论》，1921/1922 年冬季学期早期弗莱堡讲座，瓦尔特·布勒克（Walter Bröcker）和克特·布勒克-奥尔特曼斯（Käte Bröcker-Oltmanns）编，《全集》第 61 卷，审订第二版，美茵法兰克福，1994 年，第 198—199 页）。进而在 1923 年夏季学期，海德格尔与埃宾豪斯共同在弗莱堡举办了一个"星期六研讨班"，讨论康德《单纯理性限度内的宗教》的神学基础（参看汉斯-格奥尔格·伽达默尔：《文集》第 10 卷《阐释学回顾》，图宾根，1995 年，第 4 页；威廉·理查德森（William J. Richardson）：《海德格尔——从现象学到思想》，海牙，1963 年，第 664 页（附录）。

[③] 参看在后记（现行版本第 80 页）中已经引用过的致卡尔·雅斯贝斯的信的段落。关于"阐释学处境的显示"部分，第一页手写纸张被找到了，关于"尼各马可伦理学第六卷"部分，（也许）倒数第一个手写纸张被找到了，此外还有关于"形而上学卷一第 1 章和第 2 章"部分的手写纸张，也被找到了（根据《全集》第 62 卷给出的原初页码，在现行版本第 346—350 页，第 382—385 页以及第 387—390 页上）。这些保存下来的手写文字，除了若干补充和表述变化，在最大程度上与打字稿相一致。

编者后记

对于这里编辑的文本而言，现存两个不同的样稿。我们的编辑工作的首要文本基础是海德格尔财物中保留下来的打字稿原件的可供利用的影印件（下文标为"海德格尔打字稿"），它的起初被认为已经丢失的后半部分（即关于《尼各马可伦理学》《形而上学》和《物理学》的章节，参看现行版本，第376页以下[①]）于1990年代初对遗稿进行深入整理过程中，在马尔巴赫德意志文献馆手稿部被遗著保管人重新发现了。但"海德格尔打字稿"的第23—27页、第33页和第40页却再也找不到了。在现有页面上可以看到大量的手写修正、补充、增补性的解释和海德格尔笔迹的边注以及下划线。由于希腊语的字母、术语和引文打印不出来，海德格尔事后亲手把这些内容录入打字稿中空出的空隙中。[②]此外有一张手写的扉页，写有标题"导言"（参看现行版本，第345—346页）。

另一个样稿是海德格尔寄给格奥尔格·米施的印在复写纸上的打字稿（下文标为"米施打字稿"），现在可供利用的是它的一个影印件。[③]这份打字稿就是汉斯-乌里希·莱辛（Hans-Ulrich Lessing）编辑的首发稿的底本，于海德格尔100周年诞辰（1989年）

[①] 下文一概按马丁·海德格尔《全集》版（第62卷）的原始页码给出现行版本的页码。

[②] 海德格尔在1922年9月27日致维利巴尔德·古利特（Willibald Gurlitt）的信中自己指出了这个有关希腊语文本的难题：打字"始终是十分麻烦的，因为总有希腊语出现在文本中"。

[③] 按照汉斯-格奥尔格·伽达默尔自己的说法，他从那托普那里得到了寄给那托普的打字稿（带有许多手写的补充）（不过只是《阐释学处境的显示》部分章节，见现行版本第346—375页），而且在战争的纷乱中丢失了（1943年）（参看伽达默尔："海德格尔早期'神学'著作"，本书第67页以下，特别是第68页；载伽达默尔：《文集》第10卷，图宾根，1995年，第4页，第18—19页，第32—33页）。

之际发表于《狄尔泰哲学与人文科学史年鉴》第六卷（第235—274页）。莱辛在后记中（第273页）报告了这份被认为已经丢失了的打字稿的命运。米施把他收到的稿本送给了他的学生约瑟夫·柯尼希（Josef König），时值后者71周岁生日（1964年2月24日）。在后者保存于下萨克森州立和大学图书馆手稿部的遗稿中，这个稿本后来与雅斯贝斯评注的打字稿一道被重新发现了。在这个稿本中，除了海德格尔本人亲手录入的希腊语字句以及一个较长的手写脚注（见现行版本第357页，注39）之外，只还有相对少量的用黑墨水做的较小的手写修正和插入了。用铅笔做的处于页边的提示语，偶尔也位于文中，以及大量的下划线，来自米施之手，因而我们不加考虑。

"海德格尔打字稿"则相反，除了数量众多、多半较长的边注外，还显示出作者大量的手写修改，因此之故，我们的编辑工作是以此稿本为文本基础的。至于缺失的页面，我们采纳了"米施打字稿"。

关于海德格尔所做的"海德格尔打字稿"中的手写录入内容，我们不妨作如下区分。首先有一些清晰地用墨水写的对机打文稿中部分明显的错误的修正，这些错误多半也出现在"米施打字稿"中，而且可以推断出早先对口述文本的审读。这些修正被默许采纳了。此外只有在"海德格尔打字稿"中出现的、多半以（旧）德语字体写下的较短小的手写插入或者对文本的补充，编者尽可能把它们插入连续的文本中（在注释中给出相应的提示）。未能整合入文本中的补充和解释性说明（多半是较长的边注，同样用德语字体，少数几处用速记法）被纳入注释中了。

所有在打字稿中为了强调而被疏排的字句，我们用斜体字来

编者后记

采纳。同样用斜体字强调的是"海德格尔打字稿"中清晰地用墨水（部分用线条）加下划线的字句，但纯粹的阅读下划线或者强调下划线没有被采纳。正字法和标点方面明显的错误，以及文句构造方面清楚的错失或者前后矛盾（例如缺失的引号）被默许订正了。相反，全部写法方面的特性（介词短语的名词化、组合的术语、对希腊语的仿照用法），对于海德格尔这个时期的思想来说是标志性的，这些都毫无变动地采纳了。引文的方括号标示海德格尔的补充和解释——除了编者对引文的补正。在注释中，方括号标示编者的说明和解释。对于希腊文引文，编者借助于海德格尔使用的原书（亚里士多德的托伊布纳版，莱比锡）[1]作了核验，正字法、标点和出处说明方面的细微偏差已经默然订正。海德格尔在原始引文中做的省略，我们用加方括号的省略号加以标识。非字面的引用，出处说明前被加上了附注"参看"。手稿中不可辨认的词语，我们通过注释中相应的说明来加以标记，对于可疑的异文，我们加了一个加方括号的问号。

1922年秋季的著述对于海德格尔思想道路所具有的特殊意义，也绝没有随着此间早期弗莱堡和马堡讲座稿在《海德格尔全集》框架内的完整出版而失效。在著作中，海德格尔前所未有地成功了，把自己还在寻求中的思想"聚焦"于本质性的和原则性的问题上。[2]

---

[1] 一种汇编可见于马丁·海德格尔：《柏拉图的〈智者〉》，马堡大学1924/1925年冬季学期讲座，英格博格·许斯勒编，第19卷，美茵法兰克福，1992年，第661页。

[2] 在一个有关计划中的"导言"的书信通知中，海德格尔预告，"整体还要更加聚焦"（1922年9月22日致卡尔·洛维特的信，未发表）。他后来投身于工作中的坚定性可以从诸如下面的表述中看出来："它［'导言'］就是我的'实存'"（同上）。

尽管海德格尔把自己前面任弗莱堡大学讲师时的讲座[①]的笔记当作"导言"之撰写的基础,而且自己做了"摘抄"(参看现行版本,第80页),但实际上在这里,他首先是在方法上把自己的思想决定性地鲜明化了,特别是以"阐释学处境的显示"阐发了一个关于自己进一步的哲思的纲领性指导方针,这种哲思后来随着《存在与时间》于1927年春季的出版而变得众所周知了。

为"一种存在学和逻辑学的历史"(现行版本第346页)服务的探究工作,受到一个目标的引导,就是要给出一种详细的论证,证明如果人们要彻底地理解西方—基督教的历史及其创造性的基本经验可能性,要在其来源之特征中使我们自己的处境变得显而易见,并且在一种活生生的当下中源始地居有之,那就必须重新回到亚里士多德那儿。

第一部分"阐释学处境的显示"(第346—375页)的任务就在于,源始地廓清阐释与理解的条件,并且在哲学研究本身中通过对其历史的解构性辨析(现象学的解构)明确地把它们一道发动起来。对与每一种诠释相关的"阐释学处境"的澄清集中于实际生活的自身阐释难题,对此难题的原则性的哲学探究被称为"实际性之现象学阐释学"(第364页)。在这种阐释学处境的"显示"(Anzeige)中被收入眼帘、但"不可能具体地被显突并且在其构成性的衔接中

[①] 特别是此前紧挨着的两个亚里士多德讲座:马丁·海德格尔:《对亚里士多德的现象学诠释——现象学研究导论》,1921/1922年冬季学期早期弗莱堡讲座,《全集》第61卷;马丁·海德格尔:《对亚里士多德存在学和逻辑学文选的现象学诠释》,1922年夏季学期早期弗莱堡讲座,《全集》第62卷。

被把握"的（第351页）对象即"实际的人类此在本身"（同上）的存在学结构——诸如关照（Sorgen）以及已经总是以某种方式被纳入关照中的世界（作为周围世界、共同世界和自身世界），沉沦倾向，死亡之拥有的"如何"（Wie），关于实存（Existenz）的本真忧虑的可能性（作为实际生命运动的到时方式）——预示着《存在与时间》中著名的此在分析工作的具体拟订。与实际生命之存在相关的哲学难题乃是"原则性的存在学，而且"——就像在一个重要的后置从句中所说的——"确定的、个别的关于世界的区域存在学，都是从实际性之存在学那里获得它们的问题基础和问题意义的"（第364页）。但如果"那种在当下被称呼存在和被阐释存在之方式（Wie）中的实际生命的存在"乃是哲学的课题，那么这就是说，"作为实际性之存在学，哲学同时也是对称呼（Ansprechen）和阐释（Auslegen）的范畴诠释，亦即是逻辑学"（同上）。所以，存在学与逻辑学必须回到"实际性问题的源始统一性"之中（同上）。

下面的章节（第376页以下）讨论《尼各马可伦理学》《形而上学》和《物理学》，给出了作者大规模的亚里士多德研究的一个轮廓。这项亚里士多德研究是受这样一个问题引导的，即存在学基本结构作为一种确定的被称呼存在和被阐释存在之方式也即作为研究（Forschung）如何源始地产生的。因此，关于亚里士多德哲学的现象学诠释便面临着一个任务，即以实际性难题为引线，把研究的一般起源和基本意义作为纯粹观审的觉知之实行方式和真理概念的源始意义（ἀληθεύειν［解蔽］，ἀληθές［真实的、无蔽的］——ψεῦδος［谬误］）而提显出来。为具体的诠释工作，要探讨核心的存在学和逻辑学结构以及现象之间的联系，在后者的视域中，研究以及理论认识必须仅仅被理解为实际生命的交道之澄清的一种方式。作为亚里士多德的原则上新的基本开端（其存在学和逻辑学就是从中产生的），运动现象（对它的存在学上的范畴阐明乃是《物理学》的课题）被纳入先行具有之中。

*

马丁·海德格尔的正文（第 11—65 页）是毫无变动地（影印）采自《海德格尔全集》第 62 卷（第 345—399 页）。多次提及的"附页"（如第 354 页注 26，第 376 页注 1 以及第 378 页注 5）只在全集版的附录中印出，本书中没有收入。本书中只以简短形式给出的书目说明（第 365 页注 59 和第 395 页注 5）有：

埃德蒙德·胡塞尔：《逻辑研究》，第二卷：现象学与认识理论研究。第一部分，哈勒：尼迈耶出版社，1901 年；修订第二版，1913 年（1984 年根据这两个版本，由乌苏拉·潘策尔编辑，马丁努斯·尼基霍夫出版社出版，海牙/波士顿/兰嘉丝汀，《胡塞尔文集》第 19 卷／上册）。

辛普里丘：《亚里士多德物理学注》（*Simplicii in Aristotelis Physicorum libros quattuor priores commentaria*），海尔曼·第尔斯编。[《古希腊的亚里士多德评论家》（*Commentaria in Aristotelem Graeca*），普鲁士皇家人文学院编辑，第九卷]，柏林雷默尔出版社印制，1882 年。

（与杜登词典相偏离的）音节划分"海德—格尔"[①]是按照遗稿

[①] 即把 Heidegger 书作：Heid-egger。——译注

编者后记

保管人的愿望做的。

*

我特别要感谢哈特穆特·蒂特延（Hartmut Tietjen）博士，他帮我完成了手写文字的转换，对本书文本制作提出了富有价值的建议，并且在终审时作了细心的全面审阅。海尔曼·海德格尔（Hermann Heidegger）博士把本书编辑工作委托给我，我感谢他对我的信任，以及容许我使用尚未发表的马丁·海德格尔致维利巴尔德·古利特（Willibald Gurlitt）和卡尔·洛维特（Karl Löwith）的书信。还有弗里德里希-威廉姆·冯·海尔曼教授和德特勒夫·海德格尔（Detlev Heidegger）先生，感谢他们共同完成对缺失文字和可疑异文的辨认工作。我还要感谢弗莱堡大学胡塞尔档案馆的罗宾·D. 罗林格（Robin D. Rollinger）博士和托马斯·冯盖尔（Thomas Vongehr）博士，他们帮助我辨认了速记文字。为印刷校样的细心校对，我要感谢彼得·冯·鲁克特舍尔（Peter von Ruckteschell）博士、海尔曼·海德格尔博士以及哈特穆特·蒂特延博士。汉斯-乌里希·莱辛（Hans-Ulrich Lessing）教授（波鸿大学）让我使用约瑟夫·柯尼希（Josef König）遗物中重新发现的"米施打字稿"的复印件，在此也一并致谢。

康斯坦茨，2002 年夏末
以及审订重版，慕尼黑和高廷，2013 年 6 月
京特·诺伊曼

译后记:关于海德格尔的"那托普报告"

若有人问我:德国思想家马丁·海德格尔(Martin Heidegger, 1889—1976年)既被视为"哲学阐释学"(Philosophische Hermeneutik)的开创者,那么他有什么专门的"阐释学"著作,或者说有这方面的代表性著作吗?要放在几年前,我会径直说:当然有,就是《存在与时间》(*Sein und Zeit*);但现在,在译完海德格尔的《对亚里士多德的现象学诠释(阐释学处境的显示)》(*Phänomenologische Interpretationen zu Aristoteles*[*Anzeige der hermeneutischen Situation*])之后,我大概会改变或者修正自己的想法,补充推荐海德格尔这本更早的(1922年)、身后(1989年)才出版的怪书,学界常简称之为"那托普报告"(Natorp-Bericht)。我认为,这本"那托普报告"是所谓"哲学阐释学"的开端之作。

众所周知,《存在与时间》(1927年)是海德格尔前期哲学(实存论存在学)的代表作品,自然也是他的"阐释学"(Hermeneutik)哲学名作。这话当然没错。海德格尔在其中明言"此在的现象学就是阐释学",并且区分了三重意义上的"阐释学",还说:"哲学是普遍的现象学存在学;它从此在的阐释学出发,而此在的阐释学作为实存的分析工作把一切哲学发问的主导线索的端点固定在这种发

译后记：关于海德格尔的"那托普报告"

问所从之出且向之归的地方上了。"① 这就把"阐释学"的位置和任务规定下来了。对于海德格尔的现象学存在学/本体论（Ontologie）来说，"此在的阐释学"（其实就是实存论分析）是具有基础性意义的。不过，我们也得承认，《存在与时间》毕竟不是一本"阐释学"的专题著作，而是一本"实存论"或"存在学"著作。

海德格尔关于"阐释学"的专题性讨论，恐怕还得追溯到他的早期弗莱堡讲座（1919—1923年）。在《海德格尔全集》目录中，我们看到仅有一卷——即第63卷——的卷名直接被标识为"阐释学"，即《存在论（实际性的阐释学）》（*Ontologie [Hermeneutik der Faktizität]*）（1923年夏季学期弗莱堡大学讲座）②。这个讲座课影响巨大，据记载，听过这个讲座课的同学后来多半成了20世纪知名哲学家，其中名声比较大的哲学家，有伽达默尔、奥斯卡、贝克尔、弗里茨、考夫曼、马尔库塞、汉斯·约纳斯，等等。但当时讲课的老师海德格尔还只是一个年轻的"私人讲师"而已，无甚业绩，完全没有值得称道的出版物，光靠讲哲学出了大名，成了"秘密哲学之王"，也算是一个奇观。

第63卷《存在论（实际性的阐释学）》被认为是通向《存在与时间》之路的突破性步骤，也在哲学阐释学上具有特别的重要性，在"阐释学"课题上用力不少，但它毕竟只是一个讲课稿，也还难言是

---

① 海德格尔:《存在与时间》，德文版，Max Niemeyer Verlag Tübingen，2006年，第38页；中译本，陈嘉映、王庆节译，商务印书馆，2016年，第54页，译文略有改动。
② 海德格尔:《存在论（实际性的解释学）》，中译本，何卫平译，商务印书馆，2016年。

一本专题著作。而在这门课之前不久,在1922年,海德格尔实际上已经撰写了一本专门的阐释学论文,就是我们眼前的这本《对亚里士多德的现象学诠释(阐释学处境的显示)》。写这篇文章的起因是,海德格尔当时在胡塞尔的推荐和那托普的邀请下,应聘马堡大学和哥廷根大学的副教授教职,需要提交评审材料。① 眼下这本之所以被称为"那托普报告",就是因为现在保存下来的这份手稿,是当时海德格尔寄给那托普的。这份手稿在海德格尔生前未曾发表,而且不知下落;后来被重新发现,至1989年(海德格尔诞辰100周年)才被公之于世,由莱辛(H.-U. Lessing)编辑,首刊于《狄尔泰年鉴》第六卷。② 其时由海德格尔弟子汉斯-格奥尔格·伽达默尔作序,序言标题为:"海德格尔早期'神学'著作"(1989年)。伽达默尔在文中称本文之公布为"一件大事",并且回忆道,他当时从那托普那里得到这份"报告",立即"感受到强大冲击力",使他下决心

---

① 胡塞尔的推荐十分猛烈,而那托普是有所顾忌的,主要是因为海德格尔当时没有"成果",但终于也算慧眼识天才了(伽达默尔对此极表赞赏)。针对那托普的疑虑,胡塞尔于1922年2月1日在信中写道:"他[指海德格尔]的接受能力不高,是顺从的极端反面。一种完全原创的性格,敢于搏斗,寻求自身和已获本己建基的方式,并且奋力塑造。他的现象学的观看和工作方式以及他的兴趣领域本身——其中没有任何东西只是从我这里接受过去的,而毋宁说是在其本己原始性方面有根基的。作为教师,除了我的影响之外,他还具有完全独特的影响,而且很可能是一种十分强大的影响力。"参看胡塞尔:《通讯集》第五卷,德文版,卡尔·舒曼编,多德雷赫特/波士顿/伦敦,1994年,第150页。

② 载《狄尔泰年鉴》(*Dilthey Jahrbuch*),第六卷,哥廷根,1989年,第235—269页;现在收入《海德格尔全集》第62卷《对亚里士多德存在学和逻辑学文选的现象学诠释》,美茵法兰克福,2005年,第341页以下;后又作为单行本以《对亚里士多德的现象学诠释(阐释学处境的显示)》为名出版,京特·诺伊曼(Günther Neumann)编,美茵法兰克福,2013年。以下凡引用本书正文均标出《海德格尔全集》第62卷页码。

从马堡大学跑到弗莱堡大学听海德格尔的课，后来又跟着海德格尔回到了马堡大学，等等。

或问：这本"那托普报告"为何重要？在我看来，这篇晦涩艰深的文章的重要性在于：海德格尔在其中端出了一种"生命哲学"或所谓"实际生命的现象学阐释学"的初步方案，该方案与前期代表作《存在与时间》的"基本存在学"无疑有着渊源关系；而另一方面，海德格尔此间正处于思想道路的"开端"阶段，其哲思具有开端性的"寻求"和"试验"特性，显示出某种鲜活生动的探索特质，而这是在后来更为成熟、也更为严格的"主要著作"（《存在与时间》）中——在某种意义上讲——隐失了的。

而如果完全从阐释学哲学的角度来看，我认为"那托普报告"的重要意义主要表现在两个方面：一是阐释学原理的阐明；二是阐释学实践的尝试。

有关第一方面，海德格尔在文章开篇处就端出了有关"阐释学处境"的思想，认为任何一种"阐释"都是由"视位"、"视向"和"视域"三个因素构成的：

> 每一种阐释都具有如下三个因素：一、它或多或少明确地占有和固定的视位；二、一个以视位为动因的视向，在其中，诠释的"作为什么"（das "als was"）及其"何所向"（das "woraufhin"）得以规定自己，而诠释对象就是在这个"作为什么"中得到先行把握的，并且是根据这个"何所向"而得到阐释的；三、一个由视位和视向而被限定的视域，诠释的当

下客观性要求就在这个视域范围内活动。①

此处"视位"(Blickstand)是阐释者所处的位置;"视向"(Blickrichtung)是阐释的方向,是阐释学的"作为"(als)结构;"视域"(Blickweite,或可译为"视界")则是由"视位"和"视向"来决定的广度和界面。这三者是构成"阐释学处境"(hermeneutische Situation)的基本要素。

"阐释学处境"一说(其中"处境"德文为 Situation,也可译为"情境""形势"等)在有关海德格尔前期哲学以及"哲学阐释学"的讨论中似乎未受到充分重视,但我以为是大可深究的。海德格尔甚至提出了"处境阐释学"(Hermeneutik der Situation)一说,但据我了解,这个用法在海德格尔著作中只出现了这一次:"一旦处境得到了澄清,这就是说,处境(一种阐释就在这种处境中并且对这种处境而言到其时机)按照上面所讲的三个方面得到了澄清,则可能的阐释实行和理解实行以及在其中形成的对象之居有(Gegenstandsaneignung)就成为显明的了。当下的处境阐释学必须形成它自身的显明性,并且把它当作阐释学的显明性带入诠释之开端中。"② 比起"此在的阐释学"或"实际性的阐释学","处境阐释学"显然是更具有方法意味的,因为在海德格尔看来,这是"阐释"(Auslegung)行动的开端性步骤,当然也是"诠释"(Interpretation)的开端,而"对象/课题之居有"只有在"处境"中才可能完成。我

---

① 海德格尔:《海德格尔全集》第 62 卷,第 346—347 页。
② 同上书,第 347 页。

们完全可以把"视位—视向—视域"三位一体的"处境阐释学"理解为一种"语境论"。

按照德文版编者的解说,"那托普报告"第一部分"阐释学处境的显示"(德文版《海德格尔全集》第62卷,第346—375页)的任务在于:"源始地廓清阐释与理解的条件,并且在哲学研究本身中通过对其历史的解构性辨析(现象学的解构)明确地把它们一道发动起来。"[①] 这样一种有关"阐释学处境"的澄清集中于实际生命的自身阐释难题,此即海德格尔所谓"实际性的现象学阐释学"(第364页)要做的哲学探究。这就是后来在《存在与时间》中充分开展的"此在分析工作",即对"实际人类此在本身"的存在学结构的分析,诸如"关照"(Sorge),作为周围世界、共同世界和自身世界的"世界"(Welt),"沉沦"(Verfall)之倾向,作为终极可能性的"死亡"(Tod)——广为流传的"向死而生",以及作为实际生命运动之实现的"实存"(Existenz),等等。虽然这时候的海德格尔还喜欢用"生命"(Leben)或"实际生命"(faktisches Leben)表示他后来采用的"此在"(Dasein),虽然他这时有关此在之形式结构的讨论也还不免粗陋,但总体的定向、定位以及基本的题域都已经有了。海德格尔有言:

> 阐释学乃是现象学的阐释学,这意思就是说,阐释学的对象域,即着眼于其存在方式和言说方式来看的实际生命,已

---

① 海德格尔:《对亚里士多德的现象学诠释(阐释学处境的显示)》,京特·诺伊曼(Günther Neumann)编,美茵法兰克福,2013年,第89页。

经在课题和研究方法上被视为现象（*Phänomen*）了。对象之结构，把某物刻划为一个现象的对象之结构，即完全的意向性（与……相关联的存在、关联之为关联的目标、自身关联的实行、实行之到时过程、到时过程之保真），无非就是一个具有实际生命之存在特征的对象的结构。①

至于第二点，即阐释学实践的尝试，海德格尔此间做的是关于亚里士多德的现象学诠释，用力甚深，致使"海德格尔与亚里士多德"成为哲学史研究的一大课题。为什么是亚里士多德呢？在希腊哲人当中，特别是在柏拉图与亚里士多德之间，海德格尔当然会选择亚里士多德，原因在于：其一，在哲学问题上，海德格尔把亚里士多德视为"存在问题"的提出者，可以说亚里士多德是真正意义上的"存在学／本体论"的开创者；其二，亚里士多德是"实存哲学／个体哲学"的源头，是他开启了个体在场（ousia）之思，就此而言，海德格尔必定更多地是一个"亚里士多德主义者"；其三，亚里士多德是西方传统时间观的始作俑者或规定者，海德格尔既然已经意识到文明大变局，意识到了新生活世界经验的重建过程中时间问题的决定性意义，自然就会把亚里士多德当作一个重点靶子。

在"那托普报告"第二部分中，海德格尔主要选择了亚里士多德的《尼各马可伦理学》卷六、《形而上学》卷一第1章和第2章、《物理学》卷一、卷二、卷三第1—3章以及《形而上学》卷六、卷七、卷八来展开自己的诠释工作。首先令人不免惊奇的是海德格

---

① 海德格尔：《海德格尔全集》第62卷，第364—365页。

尔对下面这段话的重译和重释：Ἔστω δὴ οἷς ἀληθεύει ἡ ψυχὴ τῷ καταφάναι καὶ ἀποφάναι πέντε τὸν ἀριθμόν· ταῦτα δ᾽ ἐστὶ τέχνη, ἐπιστήμη, φρόνησις, σοφία, νοῦς· ὑπολήψει γὰρ καὶ δόξῃ ἐνδέχεται διαψεύδεσθαι.（《尼各马可伦理学》，1139b15—18）这段话通译为：
"在灵魂由以或肯定或否定地获得真理的东西，一共有五个；它们是艺术、科学、聪明（Klugheit）、智慧（Weiseit）和理智（Verstand）。猜测和意见可能也包含谬误（因此在此不予考虑）"。[1] 海德格尔深表不满，把上面这段希腊文翻译如下：

  因此可以假定，灵魂把存在者作为无遮掩的存在者带入和纳入保真中（而且是以断定性的和否定性的阐明的实行方式）共有如下五种方式：料理着—制造着的操作、观察着—谈论着—证明着的规定、照顾的寻视（环视）、本真的—观看着的理解、纯粹的觉悟。（只有这些可以考虑）；因为在"把……看作"（Dafürnahme）和"具有一种观点"（eine Ansicht Haben）意义中包含着这样一点，即：它们未必把存在者作为无遮掩的存在者给出来，而是这样把存在者给出来，使得所意谓者只是看起来仿佛这样，使得所意谓者把自己推到存在者前面并且因此令人迷惑。[2]

  与通常的译解相对照，海德格尔在此做的译文大不相同，令

---

[1]　参看亚里士多德：《尼各马可伦理学》，德译本，汉堡1985年，第133页。
[2]　海德格尔：《海德格尔全集》第62卷，第376—377页。

人怀疑这还是一种翻译吗？特别是他对五个希腊词语即 τέχνη，ἐπιστήμη，φρόνησις，σοφία，νοῦς 的翻译，完全具有颠覆性的意义，差不多是可以毁三观的。通常所谓"艺术"即 τέχνη 被译为"料理着—制造着的操作"（verrichtend-herstellendes Verfahren），通常所谓"科学"即 ἐπιστήμη 被译为"观察着—谈论着—证明着的规定"（hinsehend-besprechend-ausweisendes Bestimmen），通常所谓"聪明"即 φρόνησις 被译为"照顾的寻视（环视）"（fürsorgende Umsicht），通常所谓"智慧"即 σοφία 被译为"本真的—观看着的理解"（eigentliches, hinsehendes Verstehen），通常所谓"理智"即 νοῦς 则被译为"纯粹的觉悟"（reines Vernehmen）。海德格尔不会告诉我们这种重译或改译的理由和依据，但只要细细体会，我们就不得不承认，他对希腊基本词语的阐释性翻译是有其意味的，在生活世界的现象学或者此在在世分析的层面上对包括上述五个基本词语在内的一系列希腊词语作了重新诠释，或者甚至可以说作了一次重新赋义。这恐怕恰恰应了海德格尔在《存在与时间》中提出的任务：保护此在借以表达自身的最基本词语的力量，免受平庸理解之害，这根本上是哲学的事业。[①]

除了关于上述五个基本词语的重释（重新赋义），海德格尔还对 ἀλήθεια［无蔽、真理］和 λόγος［逻各斯］等对其后来的思想进展十分重要的词语进行了重解。海德格尔反对关于"真理"和"逻各斯"的流俗理解和意见，认为无论是作为"符合一致"的真理概念，还是关于作为有效判断的 λόγος［逻各斯］的通常理解，在亚里士多德

[①] 海德格尔：《存在与时间》，中译本，第 305 页。

那里都还没有成型,都还是找不到任何蛛丝马迹的。① 海德格尔的意思是,这都是因为人们倾向于用近代知识学哲学的立场和眼光来解说亚里士多德哲学以及一般的希腊哲学。把 ἀλήθεια[无蔽、真理]以及相应动词 ἀληθεύειν[解蔽]理解为"揭示"或"解蔽",这虽然不是海德格尔的首创,但确实是通过他,这种理解才获得真正成功的。而今天我们越来越清楚了,这种重新理解和诠释的意义非同小可,因为它在很大程度上解放了"真理"概念,使"真理"不再仅仅局限于科学/知识范围之内,而是拓展于艺术、思想、宗教、政治等领域,成为非科学的或前科学的行动的真理。在这方面,海德格尔明显受到了胡塞尔现象学的影响,后者认为,哪怕最简单的感知行为也是不简单的,也是一种"赋义",一种"揭示",一种直接的和无中介的"观念构成"。至于 λόγος[逻各斯],海德格尔显然突破了"判断"和"陈述"意义上的狭隘解说,试图从"称呼"和"言说"角度来理解之;但同样显而易见,海德格尔这时候还没有像他后期思想那样,从"采集""聚集"意义上来理解和解释希腊的 λόγος[逻各斯]。

除了上述诠释工作之外,海德格尔在"那托普报告"第二部分中还重点诠释了亚里士多德的《物理学》。按照伽达默尔的说法,在此时的海德格尔看来,亚里士多德哲学的中心是《物理学》,因为"《物理学》以运动(Bewegtheit)之存在为主题,而不是柏拉图—毕达哥拉斯式的数学秩序和规律的'理想性'(Idealität)。运动之存在乃是主导线索。在 Energeia[实现]即实行的存在中,制作和行

---

① 海德格尔:《海德格尔全集》第 62 卷,第 377 页。

动的视角具有决定性作用。存在乃是被制作存在(Hergestelltsein)，而 Telos[目的、终点]不是目标，而是完成的存在(Fertigsein)、成熟的存在(Reifsein)、此在(Dasein)"①。难道《物理学》所讨论的"运动"不是物体的运动吗？确实，与通常之见完全不同，海德格尔在此不无惊人地宣告：亚里士多德的《物理学》所关注的首先不是"物之理"、"物的运动"，而是"人之理"，是"生命的运动"；尤其是其中第二卷第 4—6 章已经表明，"亚里士多德是如何在存在学上阐明实际生命的'历史'运动的"②。海德格尔这种诠释工作固然属于大胆之举，但无可否认的一点是，亚里士多德在《物理学》中关于"运动"的讨论采取了"制作和行动的视角"。于是我们便可以理解文中出现的如此"神话"："ἀλήθεια πρακτική[行动的真理、实践的真理]无非就是实际生命……的总是无遮掩的完全瞬间(Augenblick)，而且是在一种与恰好照面的世界的实际的照料关联(Besorgensbezug)范围内。"③ 此处"瞬间"(Augenblick，英译本把它译为 the moment-of-insight)显然与上下文中提到的希腊词语καιρός[时机、契机、瞬间]有关。在海德格尔看来，亚里士多德已经区分了两种时间：一是与物的运动相关的时间，即作为运动之计量和尺度的χρόνος[时间]；二是与事和行动相关的时间，即实际生命的καιρός[时机、契机、瞬间]。

伽达默尔在"导言"结尾处给出一个总结性的观点："因此实际

---

① 伽达默尔：《海德格尔早期'神学'著作》，载海德格尔：《对亚里士多德的现象学诠释(阐释学处境的显示)》，美茵法兰克福，2013 年，第 74 页。
② 海德格尔：《海德格尔全集》第 62 卷，第 395 页。
③ 同上书，第 384 页。

译后记：关于海德格尔的"那托普报告" *109*

上，在海德格尔对亚里士多德的居有和诠释工作背后，隐藏着基督教福音的末世论维度，以及瞬间（Augenblick）的别具一格的时间特征。海德格尔从青年时代起就紧紧抓住的、从其本己此在的实际性中升起的忧虑，乃是他的思想道路的决定性的第一步……"①

最后交代一下本书译事。本书起初是根据1989年刊于《狄尔泰年鉴》第六卷中的单行本《对亚里士多德的现象学诠释（阐释学处境的显示）》译出的，译文收入我编译的《形式显示的现象学》一书中。② 十余年后，我主持编译《海德格尔文集》（国家社科基金重大项目），于2018年出版了规划中的30卷；后来考虑到各方面的原因，也听了各方面的建议，决定增补八卷，其中就有《海德格尔全集》第62卷《对亚里士多德存在学和逻辑学文选的现象学诠释》（1922年夏季学期弗莱堡大学讲座，美茵法兰克福，2005年），该卷的"附录三"就是本书的正文即"那托普报告"（《海德格尔全集》第62卷，第341—419页）。

2020年3月中旬，人类处于新冠病毒疫情的恐慌之时，我住在上海，无法出门也无所作为，整天以写作和翻译度日。其中一项工作就是依据"全集版"对"那托普报告"译稿进行加工处理，包括补译、审订、校改等，尤其是补译了全集版大量的"编者注释"。这

---

① 伽达默尔："海德格尔早期'神学'著作"，载海德格尔：《对亚里士多德的现象学诠释（阐释学处境的显示）》，美茵法兰克福，2013年，第75页。
② 海德格尔：《形式显示的现象学——海德格尔早期弗莱堡文选》，孙周兴编译，同济大学出版社，2004年，第76—125页。中译文参考了米歇尔·鲍尔（Michael Baur）的英译文，载《人与世界》（*Man and World*），第25卷，1992年，第354—393页。

时我突然想到，以这个文本的重要性，应该可以出一个单行本，于是就与商务印书馆李学梅编辑联系，让她询问德方出版社，是否允许我们把这个"附录三"单列出来出版，没想到两周后就有了回复，德方称他们已经出版了单行本，建议我们直接购买单行本版权。没几天，德方寄给商务印书馆的红皮样书《对亚里士多德的现象学诠释（阐释学处境的显示）》就到我手上了。我又根据这个单行本把译文重新校订了一遍。

  译事难，尤其是面对这等奇文。译文不当之处难免，敬请识者指正。

孙周兴

2018 年 1 月 1 日记于沪上同济

2021 年 1 月 8 日补记于香格里拉

图书在版编目(CIP)数据

对亚里士多德的现象学诠释:阐释学处境的显示 / (德)海德格尔著;(德)京特·诺伊曼编;孙周兴译. — 北京:商务印书馆,2022(2023.7重印)
ISBN 978 - 7 - 100 - 20787 - 4

Ⅰ.①对… Ⅱ.①海…②京…③孙… Ⅲ.①亚里士多德(Aristotle 前384-前322)—现象学—研究 Ⅳ.①B502.233②B089

中国版本图书馆 CIP 数据核字(2022)第 035940 号

权利保留,侵权必究。

对亚里士多德的现象学诠释
(阐释学处境的显示)

〔德〕海德格尔 著
〔德〕京特·诺伊曼 编
孙周兴 译

商 务 印 书 馆 出 版
(北京王府井大街36号 邮政编码100710)
商 务 印 书 馆 发 行
北 京 冠 中 印 刷 厂 印 刷
ISBN 978 - 7 - 100 - 20787 - 4

2022年6月第1版 开本 850×1168 1/32
2023年7月北京第2次印刷 印张 3⅝
定价:38.00元